여성교육의 선구자

여메리

여성교육의 선구자

여메리

여 인 갑 엮음

24Harmony

여메리 "추천의 글"

인류의 창조는 아담과 하와로 시작되었습니다.
성경은 하와를 '산자의 어미'라 부르고 있습니다.
그 산자의 어미 없는 인류의 역사를 상상할 수 없습니다.
성모마리아는 모든 구원받은 자들의 어머니였습니다.
마리아를 통해 구주 예수님이 오셨기 때문입니다.

한국의 근대사는 선교의 역사와 맞물렸습니다.
저물어가는 조국왕실의 통역으로 섬기며
개화기 교회의 영적 지도자인 전도사로 섬기는가 하면
진명여고를 출산한 여메리는 한국 근대화의 상징이었습니다.
그녀는 한국근대화의 영적 어미였습니다.

이런 여메리의 숨은 역사가 이제 햇빛을 봅니다.
그녀의 종손자 여인갑 장로님의 수고로 말입니다.
이것은 조국 근대화의 여명을 밝히는 복된 일입니다.
오히려 그 밝힘이 너무 늦은 감이 있습니다.
그러나 이제라도 이 땅이 자랑스런 어미를 모시게 되었습니다.

이 책은 조국 근대화의 유산으로 남겨질 것입니다.
한국 교회로선 우리의 영적 어미를 복권시키는 일입니다.
예수님의 어머니 메리를 동경한 한국의 여인 여메리...
좋은 편을 선택했다고 칭찬받은 또 한 명의 한국 메리...
그녀가 있어 한국은 아름다운 조선, 빛의 나라가 되었습니다.

이 땅의 여성교육의 프런티어, 메리를 모두가 읽게 되기를...

이동원 목사
(지구촌교회 원로, 국제 코스타 이사장)

추천의 글

간호사, 전도부인, 여성의식 계몽 운동가, 어전 통역가, 교육자, 개척 교회 목회자…

위 호칭은 여메리를 부를 때 함께 소개되는 단어들이다.

개화기 복음을 받아들인 한국 최초의 여성들 중 여메리의 흔적은 교육기관, 사회 계몽 운동 등등 꽤 많은 영역에 걸쳐 남아있다.

그러나, 그 세부적인 실제 이야기에 대해서는 잘 알려지지 못한 영역들도 있었던 것이 사실이다.

여메리의 조카 손주인 저자에 의해 기록된 이 책은 한 집안의 역사이야기이자, 복음으로 살아온 한 그리스도인의 삶에 대한 간증이자, 역사이다.

이 책을 통해 구한말에 이 땅에 증거된 복음의 은혜가 여전히 우리의 삶의 자리에서 살아 역사하고 계심을 함께 경험해보길 기대한다.

지구촌교회 담임목사 진재혁

'여메리' 책 출간의 의미

이번에 여인갑 장로님의 수고와 가치 있는 작업으로 출간 된 '여성교육의 선구자 여메리' 책의 중요한 의미는 다음과 같이 세 가지로 정리할 수 있습니다.

1. 여장로님이 그동안 한국 초대교회사, 특히 기독여성사에서 전설적인 인물로 기록되었던 여메리(余袂禮)의 후손으로서 지금까지 밝혀진 내용을 집대성하였음은 물론 집안에서 구전으로 내려오던 자료를 종합하여 처음으로 평전 행태의 기록이 나왔다는 점에서 중요한 의미가 있습니다.

이 책을 통해 여메리의 집안 배경과 기독교 입신 과정, 그리고 그 후손에 대한 정보가 알려지므로 이후 보다 체계적인 인물 연구가 가능하게 되었습니다.

2. 지금까지 여메리 연구는 양홍묵과의 결혼을 기점으로하여 전반부 감리교인으로서의 활동과 후반부 성결교인으로서의 활동을 나누어 언급되곤 하였는데 이번에 전반부와 후반부를 같은 분량으로 자세히 다룸으로 전 생애, 전 사역을 통전적으로 이해할 수 있도록 도

움을 주었습니다.

　3. 필자가 전문 역사가는 아니지만 서울공대를 졸업한 과학적인 안목을 가지고 여메리에 관하여 그 동안 공개된 자료를 세밀하게 분석하며 소개함으로 해석보다는 고증에 초점을 맞춘 역사학의 기초 과정에 충실하였음을 확인할 수 있습니다. 그리고 경영학박사답게 여메리와 관계되었던 인물이나 사건, 단체에 대한 자료까지 소개함으로 후속 연구에 도움을 줄 수 있다는 점에서 필자에게 고마움을 전합니다.

여인갑 장로님의 깊은 소명감과 각고의 노력 끝에 나온 작품이니만큼 이후 여메리 연구의 기본 바탕이 될 것은 분명한 사실입니다.
　축하하며 한국교회사를 전공하는 교수로서 감사하는 바입니다.

신학박사 이덕주

감리교신학대학교 교수(한국교회사)

한반도평화통일신학연구소 소장

인사 말씀

여메리에 대하여 여러 가지 전해 내려오는 내용을 그대로 기술한 사람들이 많이 있습니다. 그러나 여메리에 대한 일을 근원부터 자세히 미루어 살핀 필자도 차례대로 써서 세상에 남기는 것이 좋겠다고 생각했습니다. 이는 여메리에 대해서 알려진 바를 더 확실하게 하려 함 입니다.

필자는 여메리에 대한 이야기를 여메리의 조카인 필자의 아버지한테서 많이 들었을 뿐 아니라 여러 가지 기록물들을 읽어 본 후 궁금한 사항들을 부친께 물어보곤 하였습니다. 또한 필자가 중학교에 다닐 시절에는 여메리의 올케 되는 할머니 댁에서 사촌들과 함께 지냈기 때문에 할머니를 통해서도 많은 이야기를 들었습니다. 지금은 미국에 살고 있는 저의 사촌들도 할아버지, 할머니와 같이 살면서 여메리에 대해 자랑스럽게 말씀하시던 내용들을 지금도 생생하게 기억하고 있기에 이 책에 그러한 이야기들을 담아본 것입니다.

여메리의 초반기 사역과 후반기 사역에 대해서는 많은 자료들이 남아 있지만 대부분의 자료들이 한 두 가지 자료 원천을 참조하고 있으므로 자료들이 재차 활용될 때는 적지 않은 부분이 왜곡되게 마련입니다. 이에 필자는 가급적 원천 자료를 찾아보고 직접 확인했으며 또 관련되신 분들을 만나고 연관되는 장소를 찾아가며 하나라도 정보를 더 확실하게 얻어보려고 하였습니다.

그 동안 여메리에 관한 자료 수집에 협조해 주신 많은 분들께 감사의 말씀을 드리며 몇 몇 분에 대한 이야기는 이 책에 같이 포함시킴으로 그 고마움을 대신 표현하고자 합니다. 이 책의 마지막 부분은 여메리 후손들에 대한 이야기입니다. 이는 믿음의 유산이 어떻게 전수되어 가고 있는가를 필자 가족은 물론 궁금해하실 독자들께도 참고로 이야기해 드리고자 함이오니 양해해 주시기 바랍니다.

지금까지 일부 잘 못 전해지고 있는 여메리에 대한 자료를 바로 잡는 데 이 책이 조금이나마 기여할 수 있다면 필자에게 더할 나위 없는 큰 기쁨이 될 것입니다.

2015년 8월
해방 70주년을 맞이하며
여 인 갑 드림

남편 점수는 A⁺

2001년도라고 생각이 납니다.

교회분 한 열 쌍이 모여 식사를 끝내고 무슨 이야기 끝에 각자 남편의 점수를 매겼는데 제가 매긴 남편의 점수는 A⁺!

온통 난리가 났습니다. 정말인가? 사실인가?

어찌 그런 점수가 나올 수 있느냐는 것이었습니다.

그날 남편들의 점수는 40-50 점이 대부분이었으니까요.

어떤 장로님이 짓 굳게 우명자 사모님께 이동원 목사님 점수를 말해 달라 했는데 그 대답에 다들 폭소가 터졌습니다. 대답인즉 성령충만 할 때는 100점! 성령충만치 않을 땐 0점이라는게 아닌가.

사실 결혼 전 여인갑씨를 별로 좋아하지 않았습니다. 장남이라고 싫고, 미남이 아니라, 훤칠하지 않아서….

저의 이상형은 기타를 치고 함께 노래 부르고 키가 큰 사람이었거든요.

그러던 제가 날이 갈수록 남편을 좋아하더니 점수가 A⁺가 되었습니다.

신앙심이 좋은 저희 엄마는 첫 만남부터 사위를 알아보고 마음에 꼭 들어 하셨습니다. 그 첫째는 할아버지가 장로님이니 더 볼 것도 없다고 정말로 흡족해 하셨습니다.저희 엄마는 외할머니가 믿음의 사람과 결혼하는걸 원했으나 그렇지 못해 평탄치 않게 살았노라 하면서 그 사람과 결혼하면 시온의 대로가 열릴 것이라고 계속 기도하셨습니다.

정말로 끈질긴 기도로(또한 어릴 적부터 믿는 집으로 가야 복이라는 말을 끊임없이 들었기에) 남편과 결혼 생활을 하며 하나님의 은혜로 저는 정말 평온하고 복되게 살아왔습니다.

화도 잘 안내고 느긋하고 편안한 사람이 바로 남편이었으니까요. 우리 엄마 문권사와도 얼마나 친하게 지냈는지 돌아가신 후 하관시에 조용히 눈물을 흘리며 문권사와 헤어짐을 끝내 아쉬워했습니다.

저의 엄마는 기도의 사람이었습니다. 외할머니가 교회 다니시며 당신 딸이 목사 사모되기를 원했지만 엄마는 극히 세상적인 사람으로 인물 좋고 허울 좋은 아버지와 결혼하고 딸을 낳고 내리 아들 다섯을 잃고 깨달았답니다. 내가 믿음의 사람과 결혼하지 않아서 벌을 받고 있구나 하고 말이죠.

외할머니가 돌아가시고 제가 태어났는데 매일 그저 살아있음에 감사했다고 해요. 그래서 제가 어릴 때부터 엄마는 믿음의 선조가 있는 사람과 결혼하라고 항상 말씀하셨는데 나이 차이가 10년 가까이 나는 언니는 형부가 믿기로 하고 결혼했기에 더욱 저에게 믿음의 사람을 강요한 것 같습니다.

기도의 사람인 엄마의 끈질긴 기도로 믿지 않는 형부는 잘 믿었고, 때가 차서 그의 부모님과 형제까지 지금은 믿음의 집안이 되었습니다.

이 책을 읽는 분들에게 강조하고 싶고 널리 알리고 싶습니다. 부모가 좋아하는 믿음의 사람과 결혼하십시오 라고 ~.

또 한가지, 문권사는 제가 딸 하나 있는 것이 아쉽다 하며 참으로 많은 기도를 해 주었습니다. 내용인즉 딸인 제가 맏며느리로 힘들어하고 있으니 손주(제 딸)는 아들만 셋 있는 집 막내 아들한테 보내고 싶다는 그런 내용이죠. 어느 날의 기도는 피도 많이 흘리지 않는 의사한테 우리 손녀 딸이 시집가기를 구하지 않나. 어떤 날은 손주가 바이올린 연주할 때 듣는 사람들에게 천상의 소리로 들리길 기도 하셨습니다. 보는 사람마다 칭찬 받고 빛이 되어 환하게 살라고도 했습니다. 더 많은 기도문을 지금도 생생히 기억하고 있습니다.

전 가끔씩 그런 기도가 어디 있느냐고 하였습니다. 집집마다 아들이 하나 정도 있을 것이고 지금 시대에 아들 셋 있는 집이 어디 있느냐고,

의사가 피 안 흘리고 수술할 수 있느냐며 핀잔을 주곤 했습니다. 도대체 엄마의 기도가 맘에 들지 않았고 현실성이 없어 보였지요.

그런데… 저희 딸이 아들 셋 있는 집의 막내 아들이고 가정의학과 교수로 정말 착실한 믿음의 아들인 지구촌교회 청년과 결혼을 했기에 놀라지 않을 수 없었습니다. 기도는 하나님의 응답이지 결코 기적이 아닙니다.

저희 엄마는 제 딸이 외동이니 교회 안에서 결혼하면 좋겠다고 늘 기도했습니다. 그 어떤 것 하나 응답되지 않음이 없습니다. 늘 뜨뜻미지근하던 나의 아버지를 위해서도 기도 많이 하셔서 아버지도 물론 믿고 96세로 천국 가셨습니다. 그러나 봉사를 하는 등 교회 일을 하지는 않았습니다.

그래서 늘 사위는 장로가 되어 교회에 많이 헌신하고 보지도 못한 손주 사위도 그렇게 되길 정말로 기도 많이 하셨습니다. 목회자에게 베풀기 잘하시고 고추장 된장도 김장까지도 드리고 이모저모 작은 지면에 못 담을 만큼 헌신하는 저의 어머니를 무엇 하나 빼지 않고 닮고 싶습니다.

이 책을 쓰기 위해 남편은 자료를 모으고 도서관을 가고 사람들을 만나면서 정말 행복해했습니다. 저도 함께 여러 곳을 다녀보며 메리 할머니의 자취를 찾았습니다. 온누리교회에서 "한국 교회 초기 여성들 - 여메리"라는 이덕주 교수의 강의도 같이 듣고 성결교 은퇴 목사님들이 모여 주일예배 드리는 곳에도 같이 가서 예배도 드리고… 메리 할머니가 세운 교회와 사역하신 교회에 가서 사진도 찍고….

그러면서 이상하게도 저의 어머니 문성숙 권사가 새삼 생각이 났습니다.

문권사의 기도로 제가 편한 결혼생활과 제 딸도 역시 복된 삶을 살고 있는데, 저희 남편의 할아버지 여대용 장로님과 누님인 여메리 할머니의 기도가 얼마나 쌓였을까요?

여대용 장로님의 처남 이름은 강요한입니다. 그러니까 남편 할머니의 남동생이신거지요. 제가 작년 LA에서 강요한 할아버지 큰 딸을 만나 많은 추억을 듣고 왔습니다.

여인갑 장로가 할아버지와 할머니 때부터 믿음의 가정이었으니 그의 점수는 A$^+$ 확실하지요? 엄마도, 예수님도 그런 점수를 주실 것 같습니다.

분명 나의 남편은 A$^+$ 입니다.

여메리 할머니를 생각하며 자손이 없어 그녀의 존재를 알릴 수가 없었기에 후손인 저희가 그 일을 하게 됨에 감사 드립니다. 생각컨데 메리 할머니가 평범한 가정주부로 자녀가 많아 가정 일에 충실하고 온갖 대소사가 바빴다면 그런 엄청난 일을 하지 못했겠다는 깨달음도 느꼈습니다.

자녀도 없이 너무나 짧은 두 번의 결혼 생활이 커다란 의문점이 있으나, 이번에 메리 할머니의 발자취를 보며 감히 예수님의 제자 베드로부터 순교하며 인간이 보기에 험한 삶을 살았으나 제자들이 모두 흩어진 후세에 우리는 얼마나 잘 살고 있는가가 오버랩 되었습니다.

여메리 할머니!

뵙진 못했으나 천국에서 언젠가 만나면 "어찌 그리 큰일을… 많은 일을…. 하셨습니까" 라고 질문하고 싶습니다.

끝으로 A⁺인 저의 남편 여인갑 장로에게 바램이 있습니다. 80이 넘어서도 가나안 땅을 정복한 여호수아나 저 산지를 나에게 달라고 했던 갈렙처럼, 건강하게 앞으로 40년 후에도 성경의 진리를 깨닫고 기뻐하며 강의하며 교회에 헌신하며 많이 베풀고 살아가길 주님께 기도합니다.

당신의 아내 J.

메리 할머니 !
여대용 할아버지 !
나의 어머니 문권사님 !
천국에서 응원해 주셔요.

권혁태 교수 !
나의 기도 후원자, 나의 주치의, 나의 큰 기쁨, 나의 큰 자랑거리.

바이올리니스트 여근하 !
독일 교회에서도 소문 났듯이 항상 맑음, 맑음으로 살길 바래.
천상의 아름다운 선율이 많은 이의 감동으로 다가가길….

권세아 !
세아는 똑똑이요 붙임성 있고, 보기만 해도 기쁘구나.

권주아 !

주아는 예쁜이요 새침이….

나의 짝꿍(우린 여행 중에도 항상 짝이야).

권순우, 멋진 순우 !

영원한 나의 짝사랑(왜냐면 할아버지를 더욱 좋아하니까).

손주들아 너희는 믿음의 대를 이어서 벌써 6대가 되었네.

할머니로서 너희 위해 항상 기도한단다.

예수님과 함께하는 복된 삶을 위하여.

여메리
(1874-1933)

이 회가 작정되게 하옵시고
또 이 교회 설시한 후에
주께서 이 회에 머리가 되시고 우리를 가르쳐주사
이 회가 진보케 하옵시고 이 회가 크게 흥왕하여
회우 수효가 여러 만 명이 되게 하옵소서
이것은 우리 구세주 예수씨 일홈을 의지하여 비옵나이다. 아멘

1900년 11월 11일
보호여회(우리나라 최초 여선교회) 창립 기도문

차 례

제1부
여메리의 알파

·

α

·

한 아이가 태어남 / 그 이름 여메리 / 메리 스크랜턴 대부인 /
한국 최초로 면사포 쓴 신부 / 자격증 없는 수석 간호원

α

한 아이가 태어남

1874년 4월 30일 경남 마산의 교방동에서 부친 여신서(余信緖)와 모친 순흥 안(安)씨 사이에 딸이 태어났다. 어려서부터 남달리 총명하고 마음씨가 좋아서 주위 사람들로부터도 남자로 태어났으면 장차 큰일을 할 아이라고 칭찬이 자자했다.

자라갈수록 집에서 부모들이 키우기는 너무 아깝다는 생각이 든 부모는 이 아이를 서울로 보내기로 결심한다. 마침 소문에 서울에는 서양에서 온 선교사들이 아이들을 모아 새로운 학문을 가르치고 또한 재워주기도 한다는 것이었다.

당시 이 부모는 둘째 아이 셋째 아이들을 키워 보지도 못하고 어렸을 적 잃어버리고 있었기에, 동네 사람들한테는 이 아이도 그냥 두면 오래 살지 못할 것이라는 점괘가 나와서 서울에 있는 친척 집에 보내었노라고 말하였다. 이 말이 와전되어 점쟁이가 집에 있으면 죽는다고 하여 버리듯 서울로 보냈다고 많은 자료들에 기록되어 있지만 이는 사실이 아니다.

의령 여(余)씨

　의령 여씨 시조 여선재(余善才)는 중국 송나라 사람으로 벼슬이 간의대부
(諫議大夫)에 올랐었다. 그가 1103년(숙종 8년) 송나라에서 고려에 귀화하
자, 고려 조정에서는 그를 의춘군(宜春君)에 봉하였다. 의춘은 의령(宜寧)의
옛 이름인데 여선재의 후손들이 의령을 본관으로 삼았다.

　한편 중국(中國)의 수서(隨書), 송서(宋書)와 일본서기(日本書記) 백제
복국군(百濟復國軍)편에 백제(百濟) 마지막 의자왕의 왕자(王子)를 여풍장
(余豊璋), 왕숙을 여충신(余忠信), 정승(政丞)을 여의수(余宜受)로 기록하
고 있다.

　여씨 문중에 따르면, 당나라 백제촌에 들어간 백제 왕자 여풍장의 몇 대
후손인 여선재가 고려 때 환국하였다고 전한다.

그 이름 여메리

　서울로 온 부모는 메리 스크랜턴 대부인에게 12살 된 이 아이를
양녀로 입양시킨다. 메리 스크랜턴 대부인은 우리나라에 오자 마자
기독교를 가르칠 사람들을 모으려 하여도 서양 사람에 대한 선입감
이 좋지 않았던 때라 사람들이 잘 모이지 않자 먼저 아이들을 대상
으로 모집하기 시작하였다.

대원군에 의한 쇄국정책이 10년만에 그치고 고종황제가 강화도 조약과 한미수호통상조약을 통하여 일본과 서양에 문호를 개방하였다. 의료와 교육목적으로만 외국 선교사를 받아들이기로 하자 1884년 가을에 미국 장로교 해외선교회에서는 의료에 알렌, 교육에 언더우드 선교사를 파송하기로 하였다.

또한 미국 감리교 해외선교회에서는 의료에 스크랜턴, 교육에 아펜젤러를 그리고 감리교 여성해외선교회에서도 스크랜턴의 어머니인 메리 스크랜턴 대부인을 한국에 선교사로 파송하기로 결정한다.

알렌은 1884년 9월, 언더우드와 아펜젤러는 1985년 4월, 스크랜턴은 5월 그리고 스크랜턴 대부인도 곧이어 한국에 들어왔다.

감리교 최초의 선교사 아펜젤러에 의해 1886년 6월에 배제학당이 설립 되어 남자들을 가르치고 있었다. 메리 스크랜턴 대부인도 여자를 가르칠 이화학당을 설립하였는데 여기에 이 아이를 입학시키고 세례를 받게 하였다. 그리고 세례명으로 자기의 이름인 메리를 이 아이에게 똑같이 부여하여 이름도 없던 아이를 여메리라는 이름으로 거듭나게 한 것이다.

여자는 이름도 없던 당시에 이름을 한글로 쓰지 않을 때라 메리(Mary)라는 이름을 한자 袂禮로 쓰고 이를 다시 읽으면 몌례(袂禮)가 된다. 따라서 여메리의 한자이름을 정확히 읽으면 여몌례가 되는데 한글로 기록된 자료에는 통상 여메례 또는 여메레라고 기록되어 있다.

메리의 '메'자와 메례의 '례'자가 혼용되어 있는 것이다. 부르기는 메리라 부르고 쓰기는 메례라 쓰지만 '메'자가 '메'자인 줄 알고 읽었는지 아니면 메리라고 부르는 '메'자가 익숙하여 한자도 그냥 메례라고 불렀는지 모를 일이지만 대부분의 자료에는 여메례라고 쓰여져 있다.

또 다른 자료에는 여메례라고도 되어 있지만 집안에서는 식구 모두 여메리라고 부르고 있다. 여메리도 자신을 소개할 때는 여메리(Mary)라고 소개하고 명단을 제출할 때는 한자(余袂禮)로 기록한 것이다.

袂 소매 몌
[부수] 衤 (옷의변)
[획수] 9획

1. 소매

메리 스크랜턴 대부인

1832년 미국에서 태어난 메리 스크랜턴 대부인(같은 시기에 선교사로 활약한 아들 스크랜턴의 부인과 구별하기 위해 어머니 스크랜턴을 대부인이라 칭한다)은 1884년 가을 한국 여인을 위한 선교를 임명 받고, 일본에서 한국말을 익히며 겨울을 보내고 1885년 6월에 한국에 입국하였다.

한국에 도착하자 마자 여성만을 위한 교육을 시작하기로 장소 등을 준비한다. 1886년 5월에 '조선 여성을 기독교 정신을 바탕으로 계몽하기 위해' 이화학당을 열고 처음에는 어른 대상의 교육을 구상하였는데 여성들이 잘 모이지 않자 아이들 위주로 학생을 모으기 시작했다.

〈메리 스크랜턴 대부인(1832-1909)〉

1887년 10월 이전에 11명의 이화학당 학생들이 입학하였는데 이들 중에 나중에 의사가 된 박에스더와 진명여학교를 설립한 여메리가 있었다는 선교사들의 보고가 있다. 이 후 뒤따라 들어온 몇 몇 선교사의 도움으로 스크랜턴 대부인은 여성을 위한 활동을 더욱 넓힐 수 있었다.

아들 스크랜턴은 1909년 다른 선교사들과의 한국내 활동에 대한 의견차이로 말미암아, 선교사직과 목사직을 사임하고 탄광이나 지방 등 다른 사람들이 잘 가지 않는 지역에서 의사로서만 활약하였다. 그 후 1917년 일본 고베로 건너갔고, 1922년 3월 23일 소천하였다.

이화학당

1886년 최초의 감리교 여선교사인 메리 스크랜턴 대부인에 의해 첫 출발

　　여메리(Mary), 박에스더(Esther), 하란사(Nancy) 등 개화기 한국

　　여성과 사회를 크게 발전시키는데 기여한 대표적 인물들을 양성

1887년 고종황제가 이화학당 교명 하사

1904년 4년제 중등과 설치

1908년 보통과 · 고등과 설치

1910년 대학과 신설

한국 최초로 면사포 쓴 신부

1892년 여메리는 배재학당 출신 황현모와 결혼한다. 그러나 결혼 3개월만에 미국으로 혼자 유학간 황현모는 안타깝게도 미국에 도착해서 곧 세상을 떠나고 만다.

당시 미국으로 유학 갈 정도면 상당한 집안의 배경과 본인의 진취적 의욕이 매우 강했다고 본다. 그러나 한 달여 동안 배를 타고 태평양을 건너느라 심신이 지쳤던지 청운의 꿈을 이루지 못하고 타국에서 운명을 달리하고 말았다.

<신학월보 1901. 4 196쪽>

황씨와 결혼하였으니 서양식으로 이름을 메리 황(Mary Whang) 또는 황씨 부인(Mrs. Whang)으로 부르게 되었다. 여메리는 황형제 부인으로 자신을 소개하기도 하였으나, 전반기 사역 중 여메리 황(余袂禮黃)으로 기록된 자료가 많이 있다.

최초로 면사포를 쓴 여메리

이 때가 우리나라의 전통 혼례식에서 기독교식 결혼식으로 변환되는 시기였다. 최초로 신식 결혼식을 올린 부부는 아니지만, 여메리의 결혼은 서양식 면사포를 최초로 쓴 결혼식이었다는 연구 조사가 있다.

　몇 몇 자료에 있는 내용들은 대부분 '우리생활 100년 · 옷'의 기록을 참조하고 있기에 그 책을 직접 찾아보기로 했는데, 필자는 이 책을 반포4동 주민센터 도서실에서 찾았다. 고부자 교수가 쓴 "우리생활 100년 · 옷"은 2001년에 발간된 책이다. 따라서 2001년 이후에 나오는 자료 중 결혼식 때 면사포를 썼다는 기록은 대부분 고교수의 책에 나오는 다음과 같은 기록을 인용하고 있다.

　　　"1892년 가을 이화학당 황메례(Mrs. Mary Whang, 성씨를 남자 성씨로 바꿈)가 배재학당 황씨와 결혼했는데 예식은 기독교식에 신식 결혼식을 거행하였다. 신부는 면사포를 쓰고 신랑은 프록 코트에 예모를 쓰고 예물 교환도 하였다"

　그럼 고부자 교수는 이러한 사실을 어떻게 알았을까 질문을 해 본다. 안타깝게도 고교수는 이 사실을 어디서 인용했는지 각주를 붙이지 않았다. 다만 고교수의 책에는 1933년에 개벽사에서 발간한 별건곤(別乾坤)이란 잡지를 참고 자료로 나열하고 있을 뿐이다.

　필자는 1928년에 발간된 별건곤 16-17호에서 '우리생활 100년 · 옷'에 나오는 문장과 동일한 문장을 발견하였다. 별건곤은 언론잡지인 개벽의 뒤를 이어 1926년에 개벽사에서 창간되었다가 1934년에 명을 다한 월간 취미 잡지다.

1928년에 발간된 책에서 1892년 즉 36년전에 행한 결혼식 이야기를 언급하고 있기 때문에 연도와 사실 언급에 신빙성이 떨어진다고 평하는 사람도 있다. 고증되지 않았고 누구의 기억을 바탕으로 한 이야기냐 하는 점을 미심쩍어 하는 것이다.

별건곤 16-17호의 '각계 각면 제일 먼저 한 사람'이라는 글속에 황메리를 우리나라에서 최초로 서양식 면사포를 쓴 신부로 기록하고 있다. 그러나 별건곤에서 이야기하고 있는 것처럼 황메리가 면사포를 제일 먼저 쓴 것이 아니다. 신부 여메리가 우리 나라 최초로 면사포를 쓰고 결혼식을 올리면서 Mrs. Whang이 된 것이다.

필자의 할머니가 결혼 하실 때 서양 드레스에 면사포를 썼는데 이 때 시누이 되는 여메리가 나도 이런 모습으로 결혼했었다고 말씀하셨다고 하니 여메리가 우리나라에서 최초로 면사포를 쓴 신부인 것 만은 틀림없다. 기독교식으로의 완전한 신식결혼식을 올린 것이다.

자격증 없는 수석 간호원

집에서는 양어머니 메리 스크랜턴과 함께 그리고 정동교회에서는 아펜젤러 목사로부터 신앙 훈련을 쌓은 여메리는 이화학당을 졸업하고도 스크랜턴 대부인 집에 머물면서 하워드 선교사가 설립한 여성 전문 병원 보구여관에서 간호보조원으로 돕는 일을 시작한다.

처음에는 의사 옆에서 환자들의 통역을 돕다가 점차 일손이 딸린 간호원을 돕는 일까지 하게 된 것이다.

보구여관

보구여관(保求女館)은 말 그대로 '여성을 보호하고 구해주는 곳'이라는 뜻이다. 1887년 11월 내한한 선교사 하워드가 1888년 10월에 여성 전용 병원으로 설립하였다.

스크랜턴 의료선교사에 의한 시병원이 보구여관 보다 먼저 출발하였다. 시병원(施病院)은 시란돈(施蘭敦)이란 스크랜턴의 한국식 이름에서 유래하지만 베풀 시(施)자는 말 그대로 의술을 베푸는 곳이다.

그렇지만 '남녀칠세부동석'이라고 남자와 여자가 7살이 넘으면 같은 자리에 있지 못한다는 유교적 관습에 젖어 있던 당시 사회는 여성들이 시병원에 다닐 수 없게 만들고 있었다.

1890년 보구여관에 파견된 여의사 로제타 셔우드는 이화학당에서 영어를 습득한 학생 4-5명의 도움으로 진료를 시작하였다. 이들 학생들은 통역은 물론 기초적인 치료법도 배웠는데 그 중에는 여메리도 있었고 또한 한국 최초의 여의사가 되는 박에스더도 있었다.

1893년 8월에 스크랜턴 선교사가 상동교회를 개척하자 스크랜턴 대부인과 여메리도 당연히 따라서 상동교회로 거처를 옮겼다.

여메리는 오랫동안 전도부인이자 보구여관의 수간호원으로 활동하였다고 1895년 커틀러의 보고서나 1899년 여성 연차보고서 중 '보구여관(PO KU NYO KWAN)' 상황 보고 및 1901년 감리교 여성해외선교회 보고서 등에 기록되어 있다.

기독교 선교의 세 기둥은 교회와 학교 그리고 병원이었다. 초기 단계에서는 병원 사업이 선도적 역할을 하여 선교사업은 의료와 함께 시작한 것이다. 의료 선교 때문에 정부가 선교 단체에 보인 공식적인 호의는 보이지 않게 자연스럽게 하나님의 복음을 촉진시킨 셈이다.

1901년 상동병원이 폐쇄되었는데 이는 의료사업의 도움 없이도 복음 전도 사업이 독자적으로 가능해졌기 때문이기도 했다.

간호원 양성학교

보구여관을 찾는 여성들은 대부분이 하급계층이었다. 몰려드는 환자들을 돌보느라 정식 간호원의 양성이 시급히 필요해지자 여성 선교사들의 대모인 스크랜턴 대부인은 한국에 간호교육기관을 설립할 것을 미국 여성해외선교회에 강력히 요구하였다.

의료 선교사 에드먼즈 간호원은 1903년 한국에 오자마자 한국 최초의 '간호원 양성학교' 설립을 준비하여 그 해 12월에 6년 과정과 3년간의 단축과정의 교육을 시작하였다. 간호원복도 만들었고, 간호원이란 용어도 이 당시 만들어진 새로운 단어이다. 여기에 전도부인 여메리의 활약도 두드러졌다.

첫 학생은 그레이스 이(李具禮)였는데 불구된 다리를 보구여관에서 고침 받았다. 그레이스란 이름은 여메리와 커틀러 선교사에게 기독교를 배운 후 정동교회에서 세례 받을 때 이름이다. 여메리는 기초적인 간호법도 가르쳐 주었다.

또 다른 학생은 마르다 김(金瑪多)이었는데 1894-5년경부터 보구여관에서 조수로 일하면서 간호일을 배웠다. 여메리 전도부인에게서 복음을 배우고 아펜젤러 목사에게 마르다라는 세례명을 받았다. 1897년부터는 여메리와 함께 환자들에게 성경을 가르치기도 했다. 이두 학생 외에도 3명이 더 간호원 양성학교가 개교할 때 입학하였다.

그레이스와 마르다가 그간의 경력을 인정 받아 1906년에 1월 30일 보구여관에서 간호원의 상징인 하얀 캡을 머리에 제일 먼저 썼다. 그리고 두 학생의 졸업식은 1908년 11월 15일에 약 300명의 한국인과 외국인 손님들이 참석한 가운데 거행됐다. 졸업생들은 이상적인 간호원, 즉 독실한 기독교인이면서 간호원으로서의 정신을 구현할 여성이 될 것이 기대되었다.

여메리의 번역과 교열

에드먼즈 선교사의 요청에 의해 1904년 여메리는 간호원들의 업무규칙인 영어 '규칙책 '을 어떤 남자와 공동으로 번역하였다. 공동번역자는 그냥 어떤 남자라고만 에드먼즈의 기록에 남아 있어서 번

역의 주도적 역할은 여메리가 하였다고 본다.

규칙책은 선교사들의 보고서에도 영어로 'Kyu Chik Chak'으로 표기 되고 있는데 여기에 간호원과 간호학생들의 임무와 관련된 일련의 규칙과 규정들을 나열하여 간호원의 임무를 확실하게 하였다.

여메리는 '여자수신교과서'라는 책의 교열자로도 이름을 남겼다.

1909년 노병희가 저술한 78쪽의 여자수신교과서 책을 이화학당 교장 프라이(富羅伊), 진명여학교 학감 여메리(余袂禮黃), 양원여학교장 윤고라가 공동으로 교열하였다. 이 책 내용 중에 서양의 예의와 생활 양식에 관한 부분에서 서양 생활에 익숙한 사람들의 감수가 필요했다고 본다.

뿐만 아니라 이화학당 교장이나 진명여학교 학감과 같이 권위 있는 사람들의 교열은 이 책을 더욱 가치 있게 보이게 했다. 얌전, 존경, 본분, 어진 부인, 예절 등 총 53과로 되어 있으며 전통적으로 여성들에게 중시되어 온 행실과 덕목을 소개하고 있는 책이다.

1908년 6월 12일자 황성신문에는 여메리가 윤고라씨 집에 모여 여자 예절에 관한 논의를 한다는 소식을 전하고 있다. 아마도 여자수신교과서 교열을 위한 회동이었나 보다.

윤고라(1891-1913)는 김씨 집안에서 태어나 김고라 또는 김고려라고 불렸는데, 그 당시 신문과 방송으로 공개 구혼한 윤치오의 배우자 물색에서 몇 명의 신여성 후보자를 물리치고 결혼에 성공한 것이다. 윤고려라고도 불린다.

이 책은 현재 연세대학교 학술정보원과 이화여자대학교 도서관에 소장되어 있다.

선교사들이 본 여메리의 보구여관 활동

보구여관에서의 여메리 활동은 '더 없이 신실한 전도부인(even faithful Bible Woman)이란 칭호를 받으면서 선교사들의 보고서에 꽤 많이 기록되어 있지만, 그 중에서 두 가지만 소개해 보면 다음과 같다.

1895년 미감리회 여선교회 연례보고에 기록된 여메리의 활약상 칭찬 이야기다.

"우리 병원과 시약소에서 행해진 여러 가지 사역 가운데 가장 중요한 것으로 우리 병원 전도부인이며 수석 간호사인 Mrs. Mary Whang(여메리)의 사역을 언급하지 않을 수 없습니다.

간호사로서 그녀는 입원 환자들의 열을 재며 상처를 씻어내고 약을 줍니다. 전도부인으로서 그녀는 환자 및 병원 직원들과 함께 매일 아침 기도회와 성경읽기 모임을 열고 있습니다. 매일 정오에는 시약소 응접실에서 약을 타러 오는 사람들에게 성경을 읽어 주거나 설명하고 함께 기도해 주었으며 응접실에서 주일 오후마다 예배를 인도 하는데 1,786명이 그녀의 전도를 받았습니다….

주중에도 나가서 전도한 사람이 모두 3,302명이나 됩니다. Mrs.

The most important work done at our Hospital and Dispensary would remain unreported were I not to tell what has been done by Mrs. Mary Whang, our Bible woman and head nurse. As nurse she takes and keeps record of the temperatures of the hospital patients, sees to giving their medicine, and dresses their wounds. As Bible woman she has held daily morning prayers and Bible readings with the hospital helpers and patients in the wards. Every noon she went to the Dispensary waiting room, to pray with and to read and expound the scriptures to those coming for medicines, 1,786 persons were reached in the Sunday afternoon services she held in the same room. The largest number present on any one Sunday was 144, the average Sunday attendance being 34. Of the 3,302 who listened to the week day teaching, 241 could read, 146 were Protestants and 50 were catholics. Mrs. Whang does not limit her christian work to stated hours but loses no opportunity to do personal work with patients and visitors. She has sold 384 christian books, tracts, and leaflets during the year and given away 10.

Mrs. Whang goes to the drug room to help put up prescriptions in the afternoon, and Miss Harris with Martha, an assistant nurse, continues the Bible teaching in the waiting-room while the patients, one by one, were being waited upon in the consulting room. Several of those who joined the church during the past year trace their first knowledge of Christ back to the teachings received in the waiting-room. An old woman of 59 years who was converted there last winter, deserves notice for she is untiring in carrying the gospel to her neighbors and in bringing them to the church service. She proved an efficient nurse at the Cholera Hospital, and was seen many a time both day and night kneeling among the patients in prayer to God. She improved every spare moment in trying to lead to Jesus the other nurses, the patients, and their friends who came with them. She had her testament, hymn book, catechism and other books with her to read and to loan to others to be read.

〈전도 부인이며 수석 간호사인 여메리에 관한 보고〉

Whang은 시간을 정해 놓고 일을 하지 않습니다…. 그녀는 지난 일 년 동안 기독교 서적과 전도지, 쪽복음을 모두 384부 팔았고 10부 는 그냥 주었습니다….”

1900년 5월 13일부터 24일까지 열린 감리교 한국선교회 16차 년

> Our Bible woman, and general right hand helper, Mrs. Mary Whang, beside her secular work, and duties as Sunday school teacher, and Epworth League worker, has devoted not only the usual hour every morning to Bible teaching and prayer with the hospital inmates, and another hour every afternoon with those gathered in the Dispensary, but she has made several visits to women in their homes, and has spent hours in quiet face to face work with the various hospital patients. Every Wednesday evening she teaches all women and children who will come, to read and write the Ten Commandments, the Apostle's Creed, and the Lord's Prayer, explaining the meaning as she goes along. She reports having taught 1,341 at the Dispensary, but of this number about one-fourth were already professing Christians, 255 being Protestants, and 55 Romanists. About one-fifth of the remaining 1,035 listened with eagerness, and God only knows what the result will be. These patients, most of them, come from within a radius of twenty miles, but occasionally from even one or two hundred miles away, so we have not been able to follow them to their homes. From now on, with our second Bible woman, the nearer ones at least can and will be sought out, and taught more than the meagre once or twice they are seen at the Dispensary. The need of this work has been felt for years, but the necessary woman, who was qualified to do it, and the funds for her support, were not at hand.

〈커틀러의 여메리 활동 보고서〉

회 회의록에 보구여관과 동대문 병원을 오고 가며 사역한 여성의료 선교사 커틀러가 보고한 내용도 여메리에 대한 칭찬이 자자하다.

"특히 전도부인임과 동시에 병원에서 오른팔 역할을 하는 여메리는 일상적인 일, 주일학교 교사, 엡웟청년회 일 이외에도 매일 아침과 오후에 환자들과 시약소에 모여 있는 사람들에게 성경 공부와 더불어 기도하는 것뿐만 아니라, 몇 몇 집 방문도 하고, 병원의 여러 환자들과 조용히 얼굴과 얼굴을 맞대고 몇 시간이고 보내고 있습니다.

매주 수요일 저녁에는 찾아 오는 여성과 아이들에게 십계명, 사도 신경, 주기도문을 읽고 쓰고 또 그 뜻을 풀이해 줍니다. 여메리의 보고에 의하면 시약소에서 1,341명을 가르쳤는데 그 중에 4분의 1 정도는 이미 신자였습니다…. 이러한 일은 몇 년 동안 필요성을 느끼고 있었지만, 이 일을 할 수 있는 자격 있는 여성들과 그들을 돕기 위한 자금 마련은 쉽지 않았습니다."

이렇게 진료소와 병원은 복음의 씨를 뿌리는 전도기관이 되었다. 환자들은 대기실에 앉아 기다리는 동안에도 성경 이야기를 들었다. 특히 스크랜턴 대부인에게서 배운 성경 지식과 초기 정동교회에서의 전도 훈련으로 무장된 여메리의 열심과 헌신이 많은 환자들로 하여금 위대한 의사이신 예수님을 만나게 하였다.

보구여관은 1899년부터 동대문으로 이전하기 시작하여 1913년 동대문병원으로 완전히 통합되었다. 이 병원이 이화여대 동대문병원으로 유지되다가 2008년 이대목동병원으로 통합되어 120년 역사의 보구여관은 막을 내리고 새 시대에 새로운 이름으로 재도약을 하고 있다.

상동교회 민족교회연구소

필자가 여메리에 대한 자료를 수집하면서 가장 많이 찾은 곳이 상동교회 민족교회연구소다. 상동교회의 일꾼 김정부 권사는 고교동창들 모임인 3927신우회에도 남다른 열성으로 참석하면서 교회 봉사도 많이 하는데, 필자가 이런 자료를 구한다고 하니까 민족교회연구소장 김종설 권사님을 소개해 주었다.

김종설 권사님은 6.25 전부터 김정부 권사와 같이 상동교회에 출석하였고, 현재도 교회에서 만난 아내 배화영 권사를 비롯하여 그 일가 친척이 모두 상동교회을 섬기는 상동교회의 산 증인이다.

배재고등학교 수학선생으로 정년을 마쳤지만 우리나라 초기 기독교 역사뿐 아니라 민족운동, 임시정부 상황, 미국 초기 이민 역사 등에 대한 해박한 지식과 또 선천적으로 이야기 나누는 것을 좋아하는 성격으로 필자가 몇 번씩 찾아가도 그의 이야기는 그칠 줄 모른다.

소장하고 있는 귀중한 자료 중에서 여메리에 대한 자료를 같이 찾아가면서도 조금도 귀찮아하지 않고 오히려 이러한 일을 즐긴다. 최근 방영된 전덕기목사님 일대기를 담은 CD가 민족교회연구소의 큰 성과 중의 하나라고 자랑도 하면서, 스크랜턴 선교사 가족 이야기를 할 때는 필자와 같이 보내는 서너 시간이 어떻게 흘러 갔는지 모를 정도로 이야기 삼매에 빠져들게 만든다.

1984년 배재고등학교가 강동구 고덕동으로 이사 갈 때 지하 창고에서 썩어 가고 있어서 불태워질 뻔 했던 매우 소중한 자료들을 챙겨서 말리고 보관하느라 애도 많이 썼지만 재정이 충분치 못해서 그 후로 계속 출간되는 자료들을 제대로 확보하지 못하는 안타까움을 호소할 때는 필자도 같은 마음을 나누어 보았다. 김종설 권사의 적극적 도움 덕분으로 여메리에 대한 자료 수집이 매우 순조로웠음에 심심한 감사를 드린다.

한가지 아쉬운 점은 상동교회 100년사에서 여메리 이야기를 찾을 수 없었다. 초기 상동교회 주일학교에서의 헌신이 진명여학교를 만드는 계기가 되었다거나, 여성청년회인 해리스회 회장으로 여메리가 상동교회 여선교회 초대 회장이었다는 기록 정도는 앞으로 발간될 상동교회 120년사(?)에 수록될 만도 하지 않을까 생각해 본다.

한국기독교역사연구소

여메리에 대한 기사를 20년전에 주간기독교에 연재한 이순자 연구원이 근무하고 있는 한국기독교역사연구소에도 몇 번 방문하여 좋은 자료를 많이 찾았다. 1982년에 발족한 이 연구소는 약 4만권의 자료를 소장하고 있으며 현재 이덕주 교수가 소장을 맡고 있다. 그 동안 연구 총서, 자료 총서, 번역 총서 등 많은 출판 활동을 하고 있지만 교통편이 좀 불편한 것이 흠이라면 흠이다.

창조과학회도 교통편이 썩 좋은 편은 아니다. 좀 더 편리하게 접근할 수 있는 곳에 학회나 연구소가 있다면 더욱 많은 사람들이 이용할 수 있겠다고 본다. 필자가 존경하는 김정식 대덕전자 회장님은 교통편 좋은 곳에 있는 회사 빌딩에 전자관련 학회를 무료로 입주시키고, 찾아오는 회원들 그냥 보내지 말고 점심 같이 하면서 친목 도모하라고 후원금까지 매년 주신다. 이런 후원자들이 기독교 관련 단체에도 많이 생기기를 바라는 마음이 필자만은 아닐 것이다.

이제 우리나라 개화기 여성교육 선구자인 여메리의 본격적인 활동 이야기로 들어간다.

제2부

여메리의 전반기

●

前

●

마리아를 보시오 / 여선교회 초대회장 / 순헌황귀비 통역관 /
진명여학교 총교사 / 안창호와 합동 연설 / 삼일여학교 영어선생

前

조이스회 조직

교회 내에 청년들이 모이자 1897년 5월 5일에 정동교회에 출석하는 배재학당 출신들과 이화학당 출신들이 주축이 되어 청년 단체를 조직하였다. 이른바 엡윗청년회다. 엡윗청년회는 본부 조직이고 이어서 각 교회마다 청년회를 별도로 조직하기 시작하였다.

엡윗(Epworth은 감리교 창시자 요한 웨슬레의 고향) 청년회를 설립하는데는 존스 선교사가 크게 헌신하였다. 그는 1887년 내한하여 인천, 강화지방 선교를 개척하였고, 1911년 귀국할 때까지 신학 교육과 문서 사업에도 노력한 선교사이다.

엡윗청년회 창설위원으로 우리나라에서는 3명이 서양 선교사와 같이 참석하였다. 배재학당을 거쳐 협성회와 독립협회 활동에도 참여한 정동교회 대표 노병선(1871-1941)은 서기를 맡았고, 김기범은 제물포 교회를 그리고 이은승은 상동교회를 대표하여 참여하였다. 엡윗청년회의 주된 임무 중 하나는 개 교회에 청년회를 설립하는 일이었다.

청년회의 교재 중 '천로역정 고
행(苦行)'도 있었다. 1888년 한국
에 온 캐나다의 게일(1863-1937)
선교사 부부가 번역한 존 번연
(1628-1688)의 천로역정 1894년
목판본에 한말의 민화가 기독교인
김준건의 삽화가 42장 있다.

〈천로역정 1984년판 삽화〉

여기에 등장하는 '두루마기에 갓
쓴' 크리스천과 '면류관에 곤룡포를 입은' 그리스도에게서 토착화된
기독교의 실체를 확인할 수 있다.

여메리는 1898년부터 1901년까지 엡윗청년회 중앙위원으로 활
약한 유일한 한국 여성이었다. 여메리는 본부 조직의 실행위원이면
서 조이스회의 부회장을 맡았는데 조이스회 회장은 이화학당 교사
프라이 선교사였다.

개별 교회의 청년회 중 제물포교회(내리교회)의 청년회가 1897년
에 제일 먼
저 창립되
었고, 그
뒤를 이어
상동교회

연대	엡윗청년회 위원
1897	존스 노블 페인 김기범 노병선 이은승
1898	존스 노블 프라이 페인 황메례 김기범 노병선 이은승
1899	존스 노블 프라이 페인 황메례 김기범 노병선 이은승
1900	존스 노블 프라이 페인 피어스 황메례 김기범 노병선 이은승
1901	존스 노블 프라이 페인 피어스 황메례 김기범 노병선 이은승 김설효

〈엡윗청년회 중앙위원〉

남자청년회(말랄류 청년회)가 1897년 9월 5일에 회원 44명으로 창립되었다.

그 후 전덕기, 박용만, 정순만, 이승만(이들 3인을 3만이라 부름), 남궁억, 이동휘, 이준, 이동녕 등이 참여하여 활약하였다. 상동교회 청년회는 민족운동에 적극적으로 참여한 민족운동의 요람지가 되었다.

정동교회 청년회는 1897년 10월 28일에 남녀 별도로 창립되었다. 남자 청년회는 월은청년회(1887년 내한한 워렌 감독의 이름에서), 여자 청년회는 조이스회(엡윗청년회를 만든 조이스 감독의 이름에서)라 하였다.

상동교회 여자 청년회장

여메리가 주도한 상동교회 여자 청년회는 여성교육과 초등교육을 실시하였는데 해리스 (1905년에 내한한 감독) 청년회라 불렸다.

이전까지 여메리는 정동교회 청년회에서 활약하였으나 스크랜턴 선교사가 민중들이 사는 곳인 남대문 근처에 상동교회를 설립하자 스크랜턴 대부인과 함께 상동교회에서 지내면서 주일학교에서 성경반을 지도하고 구약사를 가르쳤다.

여메리는 스크랜턴 대부인이 설립한 달성궁매일학교인 일명 공옥여학교 등에서도 학생들을 가르치며 여자 영어반을 운영하였다.

믿음의 어머니 스크랜턴 대부인은 자신의 수양 딸 여메리가 회장으로 활약하고 있는 해리스회에 나와 수학과 과학 등 서구 학문을 가르치는 등 여성 의식을 깨우치려는 여메리의 여성 계몽운동에 적극 참여하였다.

마리아를 보시오

1897년 12월 31일에 정동교회 신축 기념으로 월은청년회와 조이스청년회의 공동 주최로 공개토론회가 열렸는데, 토론회의 제목은 '남녀를 같은 학문으로 가르치고 동등으로 대접함이 가한가?' 였다. 즉 '여성에게 교육을 시키는 것이 가(可)하냐?'라는 주제로 토론회가 열린 것이다.

기독교가 이 땅에 들어 오면서부터 영어와 성경을 비롯한 여러 가지 교육을 시키고 있는데 유교문화에서 아직 깨어나지 못하고 있는 당시로서는 당연히 공개 토론해 볼 만한 주제였다.

이번 토론회에 대표로 참석한 토론자는 찬성측으로 독립협회 창설자 서재필과 정동교회 교인 김연근이었고, 반대측으로는 미국 유학을 다녀 온 윤치호와 아펜젤러 한국말선생 조한규였다. 특히 윤치호는 신학 공부까지 하고 왔으나 여성교육에 매우 부정적인 입장이었다. 이때 여성들은 토론회에 공개적으로 참여하지 못하고 커튼을 치고 커튼 뒤에서 듣기만 하였다.

한 바탕 열띤 토론이 진행되다가 마무리 단계에서 다음과 같은 발언이 나왔다. 서재필은 미국의 예를 들면서 "여성도 교육을 받고 사회에 진출하여 자기 능력을 발휘해야 한다."고 하였고, 김연근은 '동양의 음양조화론'을 근거로 들면서 찬성 발언을 하였다.

윤치호는 "예수의 제자와 공자, 맹자가 좋은 말로 백성을 가르쳤으되, 녹의홍상(초록저고리 붉은 치마)의 여인이란 말은 듣지 못하였고, 영웅열사들이 공을 이루며 후세에 이름을 전하였으되 지분(연지와 백분으로 화장)을 단장한 여인이란 말을 듣지 못하였다." 하면서 "여인이 사람을 가르치러 세상에 나왔다 함은 맹랑한 말이다."라고 강력한 반대 발언을 하였다.

조한규는 '남자는 여자의 머리가 됨이라'라는 성경 구절과 창세기의 인류 타락 기사를 예로 들고, "하와가 선악을 알게 하는 나무 열매를 따 먹은 것이 인류 타락의 근원이 되었다."고 하면서 여성교육의 위험까지 언급하고 나섰다.

이제 분위기는 여성교육을 금지하자는 쪽으로 완전히 기울었다. 이 때 커튼 뒤 방청석에 조용히 앉아 듣고만 있던 조이스 회원 중에서 돌발적인 발언이 튀어 나왔다.

"하와가 비록 죄를 지었으나 마리아가 아니시면 예수께서 어찌 세상에 오셔서 죄를 대속 하셨으리오."

"하와만 보지 말고 마리아를 보시오."라고 외친 여성이 바로 여메리였다.

이 장면을 이덕주 교수는 '한국 교회 처음 여성들'이라는 책에서 다음과 같이 표현하고 있다.

'마리아(Mary)가 바로 그의 이름이 아니었던가!'

그렇다 '메리(여메리)가 메리(성모 마리아)를 보라'고 외친 것이다.

여성교육과 양성 평등에 관한 이번 토론회의 결론으로 여성들의 교육 기회가 활짝 열렸을 뿐 아니라, 이 사건은 조이스회 부회장 여메리로 하여금 더욱 확고한 리더십을 발휘할 수 있는 기회를 만들어 준 계기가 되었다.

인제국론

엡웟청년회에는 임원국(회장, 부회장, 서기, 각 국장) 외에 전도국, 인제국, 학문국, 다정국, 통신국, 회계국의 조직으로 운영되었다. 각 국의 업무기술서가 대한크리스도인회보에 연재되었는데 여메리가 쓴 인제국론이 대한크리 스도인회보 1898년 11월 23일자에 실려있다. 여메리가 엡웟청년회 중앙위원 겸 본부 조직의 인제국 사무를 맡으면서 조이스회

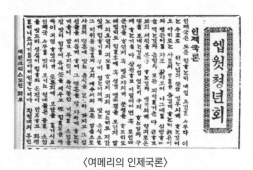

〈여메리의 인제국론〉

부회장을 겸한 것으로 본다.

어진 마음으로 구제한다는 인제국론(仁濟局論) 내용의 요지는 다음과 같다.

"인제국은 도를 행하는데 제일 요긴한 사무다. 위로는 하나님의 뜻을 기쁘시게 하고 아래로는 사람의 마음을 즐겁게 하는데, 늙은이와 병든이를 찾아보고 나그네를 심방하며 술 먹는 것과 음행과 모든 고약한 것을 다 금하고 교회 서책을 나누어 사용하는 것과 병든이에게 향기로운 꽃을 보내는 것과 생업 없는 이 일할 곳을 찾아주고 구제하는 것을 다 상관하고…

예수씨의 좋은 말씀으로 사람의 영혼에 맞는 음식을 만들어 가지고 그 심신들을 새롭게 하여 그 영혼을 잘 자라게 하는데 게을리 말고 부지런히 육일 동안 거룩한 소임을 잘 맡아 행하여 주의 뜻을 세우고…."

이렇게 하기 위해서는 성경 몇 구절을 보던지, 외우든지, 기도를 해야 한다고 여메리는 강조하였다.

조이스회의 활동

1899년 2월 조이스회 회장 프라이가 본국으로 휴가 갈 때에 마련한 환송연에서 여메리 부회장의 환송사와 프라이의 답사가 있은 후 친교 모임이 이어졌는데 이러한 분위기는 조이스회가 어떻게 활동하였느냐의 단편을 보여 준다.

대한크리스도인회보 2월 22일자의 '조이스청년회 소식'은 다음과 같이 화기애애하고 유쾌한 분위기를 보도하고 있다.

"또 여러 가지 재미있는 놀이로 피차에 기쁘게 보내며 여러 다과를 나누어 먹고… . 각기 기쁜 빛이 얼굴에 차 돌아가며 하는 말이 이렇게 즐거운 회가 종종 있기를 바라노라 하였다 하니… ."

조이스회도 본부와 같이 각국별 프로그램을 선정하여 자치적인 활동을 하였는데, 교육은 학문국, 선교는 전도국, 구제는 인제국, 친교는 다정국이 맡았다.

1899년 5월 정동교회에서 행한 엡윗청년회 설립 10주년 기념식 (미국 엡윗청년회 Epworth League 가 1889년에 창립됨)에서 조이스회의 여메리부회장이 엡윗청년회 역사를 발표하였다.

이날은 아펜젤러 목사의 찬송과 기도, 월은청년회장 노병선의 '웨슬리 역사'에 대한 강연이 있은 후 여메리가 청년회의 미국 역사와 한국에서의 시작된 내력을 자세히 연설하여 형제와 자매들이 듣고 다 기쁜 마음으로 찬미하였다는 말로 집회 분위

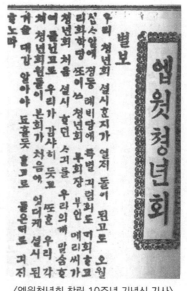

〈엡윗청년회 창립 10주년 기념식 기사〉

기와 여메리 강연 내용을 전하고 있다.

조이스회 회원들은 정동교회에서 많은 여성들에게 한글 읽는 법을 가르쳤을 뿐 아니라, 아픈 사람을 심방하고, 교리와 사도신경, 주기도문, 십계명을 가르쳤다. 이들 중 특히 여메리와 김한나 부인은 지칠 줄 모르는 신실한 전도 부인이었다고 선교 보고에 기록되어 있다.

조이스회는 우리나라 개화기에 나타난 최초의 여성 단체이자 여선교회의 모체가 되었다. 조이스회 멤버들 32명이 보호여회의 주축이 된 것이다.

여선교회 회장

1900년 11월 11일 정동교회에서 구제와 전도를 위한 여성 단체로 보호여회(保護女會)가 조직되었는데 그 배경은 다음과 같다.

아펜젤러 선교사가 본국으로 1년간 안식년을 가는데 이를 섭섭하게 생각한 정동교회 여성 교우들

〈아펜젤러 선교사〉

이 정을 표하는 뜻으로 선물을 하기로 결정하고 무슨 선물을 할 것인가로 의논이 분분하던 중에 여메리(황씨 부인으로 기록 되어 있음)가 각자가 선물하기는 어려우니 우리나라 놋그릇인 유기반상을 선물로 한 벌하자는 의견을 내서 회중이 찬성하였다.

그런데 여메리가 유기반상은 우리나라에서나 쓰는 것으로 서양사

람은 찬장에 넣어만 두고 쓰지는 않을 것이므로 보다 효과 있는 선물로 하자고 다시 안을 내었는데, 큰 사진을 찍어 선물로 하자는 의견이었다. 즉 우리 여교우 사진이 있으면 비롯 멀리 가신다 해도 우리를 볼 것이고 잊지 않을 것이라고 그 사연을 다시 설명하였더니 회원들이 찬성하고 1인당 20전씩 거두었다.

사진을 찍고 사진 비용을 계산해 보니 1원 10전이 남았다. 이 남는 돈을 어떻게 할 것인가를 놓고 의논한 결과 지난번에 빠진 사람들까지 다 모여 사진을 다시 찍어서 스크랜턴 대부인을 비롯한 3명의 선교사들에게도 선물로 주자는 의견도 나왔다.

이 때 여메리가 말하기를 "우리가 선물하려고 거둔 돈으로 재정을 삼고 한 회를 조직하되 이 회는 특히 우리 교우 중 가난한 자를 돕자"고 하자 찬반 토론이 진행되었다.

그러자 여메리는 다시 말하기를 "3명에게 선물하여 기쁘시게 하는 것보다 가난한 여러 교우들을 구제하여 그들로 하여금 기쁘게 하는 것이 아름답지 아니하리오." 하니 모든 회중이 다 좋다 하였다.

보호여회 창립 기도

이에 여메리는 "우리 힘으로 물론 무슨 일이든 할 수 없으니 하나님께 기도합세다." 하고 다음과 같은 기도를 드렸다. 이것이 보호여회(保護女會: Ladies Aid Society) 창립 기도문의 대지이다.

"이 회가 작정되게 하옵시고 또 이 교회 설시한 후에

주께서 이 회에 머리가 되시고 우리를 가르쳐주사

이 회가 진보케 하옵시고 이 회가 크게 흥왕하야

회우 수효가 여러 만 명이 되게 하옵소서

이것은 우리 구세주 예수씨 일홈을 의지하여 비옵나이다. 아멘"

기도 후 회를 즉시 만들었는데 그 회의 이름은 미국 감리교 보호여회라 하고 회장은 황씨부인(여메리)으로 선정하고 인제국장, 서기, 회계를 선정하였다. 이때 참석한 회원은 모두

〈보호여회 창립 기도문 : 신학월보 1901년 8월호〉

28명이었고 월 1회 모이기로 하였다.

이 기도로 시작한 감리교 여선교회는 회원 수가 십여 만 명이 넘은 지 25년도 더 되었다.

우리 힘으로는 무슨 일이든지 할 수 없으니 하나님께 기도합시다 하면서 기도로 시작한 우리나라 여선교회는 그 후 전국적으로 수 십만 회원을 가진 기도의 어머니회로 각 교회에서 구제와 선교에 앞장서고 있으며 지금도 계속해서 성장하고 있다.

보호여회 초대회장 여메리의 기도가 응답된 것이다.

보호여회의 활동

보호여회는 다음과 같이 회원들의 임무를 규정하였다.

1. 환자 교인 문병
2. 결석 교인 심방
3. 교인과 불신자 권면
4. 극빈자 구제
5. 상을 당한 교인 부조
6. 교인 장례 참여
7. 지방에 있는 교인에게 서신 연락
8. 교인들에게 주일예배 참석 권면

보호여회가 발족했다고 해서 조이스회가 해산되지는 않았다. 조이스회는 연령이 35세까지로 제한되어 있어서 보다 적극적으로 일을 해보려고 해도 할 수 없었기 때문이다. 오히려 1901년 1월 8일에는 계몽적인 여성 단체 조이스회와 구제를 목적으로 한 보호여회가 공동으로 부인 친목회를 개최하기도 하였다. 이 날은 "이렇게 즐기는 날은 대한 개국 이후로 처음이다"라는 평을 들을 정도로 유쾌한 모임이었다.

1903년 보호여회에서는 극빈자 교우가 자활사업으로 할 수 있는 방물장수제도를 도입하였다. 여성들이 필요로 하는 화장품이나 바느질 기구 등을 팔러 다니는데 필요한 장사 밑천을 대주고 나중에 벌어서 갚는 형식을 취한 것이다.

뿐만 아니라 성탄절을 기하여 이화학당 학생 중 극빈자를 구제하였고, 기쁜 마음으로 자기 힘대로 연보하여 정동교회 교인 중에서 극빈자도 구제하였다는 일들이 당시 신학월보에 보도되었다. 또한 보호여회에서는 전도부인의 생활비도 보조하였다.

인도 선교

보호여회는 초창기에 구제에 많은 비중을 두었으나, 1910년 이후로는 전도 쪽에 더 비중을 두었다. 그러나 선교도 게을리 하지 않았다. 일본, 중국, 만주는 물론 인도까지 해외 선교의 영역을 넓혔다.

특히 인도 선교를 할 때는 여메리가 앞장서서 그간 미국에서 인도에 어떻게 선교하였는가를 자세히 설명하고 인도에 있는 몇 억 명의 가난한자와 배우지 못한 자들, 특히 여성들을 돕자고 하여 큰 호응을 얻어 인도 선교를 활발히 할 수 있었다.

이 일에 대하여 1900년 4월 25일자 대한크리스도인회보는 다음과 같이 보고를 마무리하고 있다.

여메리는 예수님께서 '여인아 평안하라 하시고 위로하사 무서워 말라 하시며 가서 내 동생들에게 말하되 갈릴리에 가면 거기서 나를 보리라' 하신 말씀이 지금까지 미쳤도다라고 성경 말씀을 인용한 후에,

"외국 부인들은 타국을 위하여 이렇게 힘을 쓰나니 우리 대한 여자들도 동심 합력하면 못할 일이 없을 것이오, 외국부녀보다 대한 풍속도 알고 방언도 잘 하는 터이오니 남과 같이 힘써 구세주의 이름을 전 하옵시다"라고 하였다.

인도의 시성 타고르

인도하면 생각나는 시인이 인도의 시성(詩聖)으로 불리는 타고르(1861~1941)다. 영국에 유학을 다녀 온 타고르는 1912년 기탄잘리(신에게 바치는 노래)라는 시집을 내었는데, 이 시집으로 1913년 동양인 최초로 노벨문학상을 받았다. 타고르는 지금까지 우리나라

사람들에게 희망과 용기를 준 '동방의 등불' 말고도 '패자의 노래'라는 시를 한국을 위하여 지었다고 전해진다.

근자에 타고르 시 두 편에 대한 재 해석이 있기도 하지만, '패자의 노래'는 1916년 일본을 방문 중인 타고르가 유학 중이던 진학문에게 준 시이며, '동방의 등불'은 1929년 한국 방문 초청을 받은 타고르가 몸이 아파서 한국 방문을 하지 못한 미안한 마음으로 써준 것이라 한다.

타고르가 어떻게 코리아를 알고 우리나라에 대한 시를 지었을까 하는 물음에 필자 나름대로의 해석을 해본다. 즉, 우리 여성들까지 인도에 많은 선교 활동을 하고 구호 물자를 보냈다는 역사적 사실을 타고르가 잊지 않고 있다가 그 고마운 마음으로 한국에 대한 시를 써 주었다고 생각해 본다면 필자 혼자 너무 오버하는 것은 아닐는지.

여선교회 회원들이 본 여메리

1902년 10월 31일 정동교회에서 보호여회 창립 2주년 축하식이 있었다. 정동교회, 상동교회, 동대문교회 교우까지 참석하여 보호여회 회원들을 성대하게 축하하였다. 그러나 이 날 모임은 보호여회를 축하한다기 보다는 여메리회장에 대한 공로를 치하하는 분위기였다. 신학월보 1902년 12월호에 실린 기사 중 일부만 인용해 본다.

"회장이 열심으로 여러 회원들을 잘 단속하고 또 회의 일을 힘써 잘

봄으로 보호여회가 크게 왕성하고 작년보다 매우 진보가 되었으니, 첫째는 하나님께 감사를 드리며 둘째는 회장 황씨 부인을 치하하노라."

"회장 황씨 부인이 큰 사업을 한 것으로 말미암아 여인들이 마땅히 배울 것 세가지가 있다. 첫째는 일에 대한 열심, 둘째는 큰 마음, 셋째로 교제이다."

프라이 선교사가 본 여메리

프라이(Frey) 선교사는 나중에 이화학당 교장이 되었는데 그녀의 1903년도 선교 보고에 여메리에 대한 보호여회의 활동을 다음과 같이 말하고 있다.

"이 조직은 교회에 매우 귀중합니다… 회장인 황씨 부인(여메리)은 극빈자들이 자기 손으로 생계를 꾸려 나갈 수 있도록 돕기 위한 실업 교육제도를 수립하였습니다… 이 사업의 일환으로 보호여회는 한 여인에게 돈을 빌려 주어 '방물장수'가 되게 했습니다… 오래지 않아 그 여인은 빌렸던 돈을 갚을 수 있었습니다. 지난 모임에서 그 여인은 11명을 그리스도께 인도 했다고 보고하였습니다"

여메리의 아이디어가 가난한 자를 구원하고 그

〈여메리 회장 칭찬 기사〉

로 보호녀회가 크게 왕셩ᄒᆞ고 작년보다 매우진브가 되엿스니 첫재ᄂᆞᆫ 하나님ᄭᅦ 감샤

잘ᄒᆞ니 이거슨회장이열심으로 여러회원들을 잘단속ᄒᆞ고 ᄯᅩ 회사무를힘써잘봄으

를드리며 돌재ᄂᆞᆫ 회장황씨 부인을치하ᄒᆞ노라 사람이세상에 나매 각각남녀가되여

렇게 구원 받은 자 한 사람으로 인하여 11명이나 되는 영혼이 구원 받는 열매를 맺은 것이다.

보호여회의 발전

보호여회가 구제와 선교와 전도를 중요시 했지만 보호여회의 더 큰 의의는 여성들의 잠재능력 개발이었고 여메리는 이를 위해 13년 간 회장으로서 열심히 뛰었던 것이다.

1913년부터는 여선교회 회장직을 하란사(1875-1919)가 이어 받았다. 하란사는 김씨 집에서 태어났으나 인천 별감 하천택(하상기라고도 함)과 결혼하여 하씨로 그리고 세례명인 낸시(Nancy)를 란사(蘭史)로 표기하여 하란사로 부르게 되었다.

초기 이화학당을 졸업하고 1906년에 미국 웨슬리언 대학교에서 학사학위를 취득하였다. 귀국 후 교편을 잡았으나 1910년부터는 독립운동에도 가담하였다.

3.1 운동 이후 보호여회는 '내외국여선교회'란 이름으로 본격적인 여선교회로 이어진다.

러빙 소사이어티

새 시대에 맞는 신식 교육의 중요성을 실감한 여메리는 1903년 이화학당 학생들로 '러빙 소사이어티(Loving Society: 사랑회)'를 조직한다. 이 모임은 하나님의 참 사랑을 실천하려는 학생들의 종교활동을 그 목적으로 하였다. 기도와 함께 하나님께서 가르쳐 주신 내용을 삶의 현장에서 그대로 적용시키기 위한 노력을 하자는 뜻으로 다음과 같은 행동 규칙을 정했다.

다른 사람을 모욕하지 말자.
무례하게 행동하지 말자.
다른 사람을 괴롭히지 말자.
서로 사랑하자.
선생님과 선배들에게 순종하자.
겸손하게 행동하자.

이러한 활동은 기독교적 실천윤리를 강조하였으며 당시 이화학생들은 모두 하나님의 진리 속에 살아가는 기쁨을 느낄 수 있었던 신앙인들이었다고 이화 100년사에서 밝히고 있다. 1908년에 발간된 보고서에는 대부분의 학생이 학교에 들어 오기 전에 이미 세례를 받는 경우가 상당수에 이루었다고 전한다. 오늘날의 세태와는 사뭇 차이가 많다.

여메리는 자기가 졸업한 이화학교의 후배들이 성경적으로 바르게 살아가도록 러빙 소사이어티를 조직하여 지도하였던 것이다. 지금

으로 말하면 멘토 역할을 하였다. 선배가 후배를 위하여 희생 봉사
하면서 여성적인 미덕을 기르며 왕따 없는 세상을 만들었던 것이다.

러빙 소사이어티 활동 평가

당시 이화학당 교장 페인이 이 모임에 대해서 선교 본부에 보고한
내용의 요지는 다음과 같다.

"… 회장이 매일 그 규칙을 낭독하고 매달 한번씩 월례회에서는 회
장이 이화여학생이었던 황씨 부인(Mrs. Whang: 여메리)에게 보고
합니다. 이 모임을 만들고 지도하고 있는 인물이 바로 황씨 부인입
니다. 이 작은 모임을 통해 그들이 이 같은 규칙들을 매일 실천해 나
감으로 우리 학생들이 생활을 변화시켜 주님을 위해 봉사하는데 더
욱 훌륭한 일꾼들이 될 것임을 확신하는 바입니다."

학생들의 생활
이 변화되어 주님
을 위해 봉사하는
훌륭한 일꾼을 만
들어 가는 이러한
모임이 지금도 학
교마다 조그만 신
음 소리를 내면서

Before closing we want to mention the organization
among the girls which they call the Loving Society. They
ve made innumerable rules such as "Do not insult others;
not be rude; Do not annoy others; Love one another;
ey teachers and elders; Be humble, etc." The roll is
led every day by the president and at a business meeting at
close of the month she reports to Mrs. Whang (a former
a girl) who organized and superintends the Society. We
sure that by their daily striving to live according to these
es this little society is doing its part in molding the lives of
girls and better fitting them for the Master's service.
Respectfully Submitted,
JOSEPHINE O. PAINE.
LULU E. FREY.

〈이화학당 교장 페인의 보고서〉

조직되어 있겠지만 더욱 활발한 활동을 하기를 격려하며 소망한다.

여메리는 여성교육에 대한 관심이 더욱 높아져서 선교사 스크랜턴 박사가 운영하는 시병원에 방하나를 얻어서 여학생 20여명을 모아 성경과 영어를 직접 가르치기 시작했다. 이 중 한 학생의 아버지가 엄준원이다.

순헌황귀비 통역관

영어를 잘하였던 여메리는 선교사들의 추천으로 명성황후의 통역관으로 활약하다가, 1895년 명성황후 시해 사건 이후에는 순헌황귀비(엄비)의 통역을 하였고 그 후 고종황제의 통역도 담당하는 어전 통역관 중의 한 명이 되었다.

순헌황귀비는 상궁시절에 계속되는 일본의 압력을 피하려는 고종을 러시아 제국 공사관으로 옮기도록 (아관파천(俄館播遷): 1896년 2월 11일부터 1897년 2월 20일까지 1년간 고종과 세자가 경복궁을 떠나 러시아 제국 공사관으로 옮겨서 거처한 사건을 말함) 기지를 발휘하여 후궁이 되었고 1897년 8월 대한제국 출범 시에는 황귀비라 칭하였다.

여메리는 순헌황귀비의 후원으로 진명여학교를 설립하였는데 이와 관련해서 필자가 부

〈순헌황귀비(1854-1911)〉

친으로부터 들은 이야기를 토대로 대화식으로 엮어 본다.

1905년 어느 날 한가한 시간에 순헌황귀비가 여메리를 궁중으로 부른다. 궁중에 통역하러 들어갈 때 여메리는 긴 치마에 긴 망토(망토(manteau)는 프랑스어로 슈퍼맨이나 배트맨이 하늘을 나를 때 입는 옷과 같은 형태의 쓰개치마)를 걸치고 들어가곤 하는데, 이 날도 여메리는 긴 치마에 긴 망토를 쓰고 궁 안으로 들어 가서 순헌황귀비와 마주 앉아 정다운 이야기를 나눈다.

진면여학교 태동 이야기

순헌황귀비: 여메리가 지난 10년간 나한테 너무 잘해주고 또 이제는 어전 통역관도 하고 있으니 고맙기 그지없다. 그리고 듣자하니 고관들의 부녀자들에게까지 영어를 비롯한 신학문을 교육하고 있다니 참으로 기특하다. 그동안의 정을 생각해서 혼자 살아가고 있는 여메리를 위해 내가 무언가를 해주고 싶은데, 뭘 해주었으면 좋은지 말해 보거라.

여메리: 말씀만 들어도 황공합니다. 일요일이면 교회에서 아이들에게 성경과 영어를 가르칩니다만, 요즈음은 어머니 스크랜턴 대부인이 세우신 수원 삼일여학당에서 영어도 가르치고 있습니다. 아이들이 매우 좋아하고 저도 큰 보람을 느끼고

있습니다. 저의 어머님이 이화학당도 세우셨는데 저도 여성을 위한 상급학교를 세우고 싶은 소원이 있습니다.

순헌황귀비: 그거 참 좋은 생각이다. 그렇지 않아도 지난번에 남자를 위한 양정학교를 세우고 나서 여자를 위한 학교도 세워야겠다는 생각을 갖고 있었는데, 어쩌면 그렇게 나하고 생각이 일치하는구나. 어디, 여메리가 가지고 있는 복안을 자세히 말해보거라.

이리하여 여메리는 일본 시찰시 방문하였던 도쿄와 교토에서 보고 배운 여학교 설립에 따른 규모와 학생 모집, 운영 방법 등 그동안 구상하였던 그림을 순헌황귀비에게 자세하게 말씀 드렸다.

마치 무엇을 도와 주어야 하느냐고 물어 보는 아닥사스다 왕의 물음에 느헤미야가 기도하면서 생각하였던 예루살렘 성벽 재건에 대한 구상을 상세히 말한 후에 필요한 모든 도움을 얻어 낸 것처럼 여메리도 이날 순헌황귀비에게 무엇을 도와 주어야 하는 가를 소상하게 말했던 것이다. 다시 대화는 다음과 같이 계속되었다.

순헌황귀비: 그래 좋은 생각이다. 그러면 학교 운영은 여메리 구상대로 여메리가 직접 맡아서 그렇게 운영하면 되겠는데, 교장은 누가하면 좋겠는가? 교장은 역시 이화학당이나 삼

일여학교를 세운 스크랜턴 대부인이 맡는 것이 좋겠지?

여메리: 어머니는 지금 73세로 연로하셔서 일선 현장에서 사역하시기는 힘드십니다. 그러나 경험이 많으시니까 많은 도움을 받을 수 있습니다. 제가 같이 모시고 궁내에 들어와 황비마마를 뵙도록 하겠습니다.

순헌황귀비: 그렇다면 교장으로는 누가 좋을까? 여메리는 지금 31세로 아직 젊고 하니, 아무래도 교장은 남자가 맡아야겠지?

여메리: 제게 좋은 아이디어가 있습니다. 제가 가르치는 상동교회 주일학교 학생의 부친을 추천합니다.

순헌황귀비: 그 사람이 어떤 사람인가?

진명여학교 총교사

그 사람이 바로 순헌황귀비의 남동생 엄준원(1855-1938)이다. 엄준원은 원래 순헌황귀비와 사촌간이었으나 그 집안에 양자로 들어가는 바람에 남동생이 되고 동시에 영친왕의 외삼촌이 된다. 한성

부 판윤, 육군 참장, 대한제국의 헌병사령관을 지내다가 1910년 9월 이후에는 관직을 사퇴하고 진명여학교 교장직만 전념하여 1937년까지 학교를 크게 성장시켰다.

제 2 절   進明女學校의 창설

1. 설립 주역 — 嚴純獻貴妃, 嚴俊源선생, 余袂禮黃 여사
〈진명여학교 설립 주역〉

이렇게 해서 순헌황귀비는 창성궁을 하사하고 교장은 여메리의 추천대로 당시 무관이던 엄준원이 맡기로 하고, 여메리를 총교사로 해서 진명여학교가 학생 60명으로 1906년 4월 21일에 시작되었다. 총교사라는 직책은 교사는 물론 모든 학교운영을 총괄 지휘한다는 의미로 진명여학교의 사실상 운영은 여메리가 전적으로 담당한 셈이다.

진명여자고등학교 교지나 역사 자료에는 학교 설립 주역으로 순헌황귀비, 엄준원, 여메리의 공적을 기리고 있다. 엄준원은 25년 이상을 여메리 없이 교장직에 있으면서 여메리에 대한 공적을 많이

가운데 줄 왼쪽 끝이 여메리, 오른쪽 끝이 엄준원
〈진명여학교 개교 1주년 기념 사진〉

축소 시킬 수도 있었겠지만 순헌황귀비와 자신과 여메리가 같이 학교를 설립하였다는 기록을 계속 유지하게 한 것으로 보아 학교 설립에 여메리의 공이 얼마나 컸었는가를 엄준원도 잊지 않았다고 본다.

진명여학교 설립과 변천

1906년 순헌황귀비가 여자학교를 세우자는 여메리의 건의를 받아들여 창성궁을 하사하고 엄준원을 교장으로 여메리를 총교사로 진명여학교를 설립

1947 진명여자중학교로 개명

1950 신교육법에 의해 진명여자고등학교와 진명여자중학교로 개편

1987 진명여자중학교 폐교

1989 양천구 목동 신축교사로 진명여자고등학교 이전

1907년 선교 보고서에는 진명여학교 학생들이 궁궐에 세 번 초청을 받아, 황제와 왕자 그리고 황비 앞에서 애국가를 불렀는데 모두 대단히 기쁘고 만족스러워하였다고 기록하고 있다.

평양진명여학교

평양에는 1906년 3월에 지역 유지들이 세운 평양애국여학교가 30

여명의 학생들을 가르치고 있었다. 그런데 기부금에 의한 학교 운영이 어려워지자 1907년 순헌황귀비는 서울 진명학교의 여메리를 교장으로 보내어 재출발시킴과 동시에 거액을 하사하였다. 평양진명여학교는 이러한 지원에 힘입고 여메리의 영도하에 평양지방의 여성교육을 담당하며 서북지방의 대표적인 학교로 점차 확대되었다.

특히 평양 명륜당 안에 설치한 여자교육연구회에서 여성교육연설회를 개최했을 때 여메리는 김현련부인, 안창호, 김희경과 더불어 청중을 감동시키는 연설을 하였다.

여메리는 평양진명여학교의 교장직을 겸임하다가 1912년에 조신성(1873-1953)에게 후일을 부탁하였다. 그러나 평양진명여학교는 한일합방 후 신교육 체제로 들어가면서 재인가를 받지 못하고 역사에서 사라지고 만다.

조신성은 1919년 맹산독립단을 조직하여 대한독립청년단의 군자금 모집 활동을 하다가 옥살이도 하였다. 해방 후 월남하여 1948년에 75세의 나이에도 불구하고 대한부인회 부총재로 활동하였다.

안창호와 합동연설

1909년 7월 13일 평양진명여학교의 졸업식에서 여메리는 도산 안창호와 함께 다음과 같은 연설을 하여 감동을 주었다고 통감부 문서에 기록되어 있다(문서에는 7월 9일로 그리고 여메리가 진명여학교 미국인 교사인데 한국명이 메례황 이라고 기록되어 있음).

여메리의 연설요지는 다음과 같다.

"우리 한국 부녀자는 자유를 박탈당하고 있으며, 단지 일가(一家)가 있다는 것을 알고 있을 뿐, 국가 및 외국이 있다는 것을 알지 못한다. 이것은 전혀 교육을 받지 아니하였기 때문이다. 우리 한국도 점차 외국을 배우고 교육을 장려하고 지식을 계발하게 하지 않으면 안 된다.

동포는 수재를 육성하고 세계에 이름을 떨친 율곡선생(이이) 및 중국의 맹자 등 두 인물의 어머니를 염두에 두고 교육을 실시하지 않으면 안 된다. 부모로서 자제 교육을 하지 않으면 가족에게 거액의 부와 수천의 논밭을 가지고 있다고 해도 결국에 다른 사람에게 빼앗기게 되거나 이를 점유 당하게 되며, 국가도 멸망하게 된다.

대성학교 및 진명여학교는 남녀에게 평등하게 지식을 주입하고, 양자가 서로 국가를 조직하게 하고자 한다면 교육에 열정적으로 힘써야 한다."

뒤이어 등단한 도산 안창호의 연설 요지는 다음과 같이 기록되어 있다.

"메리 황여사가 연설한 바와 같이 우리나라는 자녀 교육에 소홀하였고, 자제 교육이 필요하다면 가정교육을 하였다. 가정교육을 완전하게 하고자 한다

〈도산 안창호〉

면, 여자에게 교육을 실시하고 지식을 계발하게 하여야 한다.

우리 동포는 자기 본위로 공동 일치심이 결여되어 있는 것은 교육하지 않은 것에 기인한다. 자기만 사랑한다면 결국에는 국가를 유지할 수 없게 된다. 동포 중에 재산을 많이 가지고 있는 자라도 국가에 대한 관념 없이 단순히 도박, 연극에 탐닉하고, 대동강 유선 등을 즐기며 쾌락을 쫓아도 교육에 자금을 투여 하거나 기부하는 자가 없다.

오늘날 한국의 상태는 대동강변에서 물에 빠지고자 하는 자가 있어도 방관하고, 구조하는 자가 없는 것과 동일하다. 동포는 기독교, 즉 상제를 믿고 물에 빠지려는 자가 있다면 이를 구조하고, 이 세계에 공동으로 생존하도록 하여야 한다."

안창호(1878-1938)는 자신이 세운 대성학교에도 여매리를 초청하여 연설회를 몇 차례 가졌고 1907년에는 안창호, 여메리를 비롯한 여러 명이 평양에서 합동연설회를 개최하기도 하였다.

여메리나 안창호나 모두 오늘날 들어도 옳은 말만 구구절절이 하고 있음을 알 수 있다.

안창호는 대동강에서 기생들과 의도적인 뱃놀이를 하면서 기생들도 교육을 받아야 한다고 크게 외쳤다고 한다. 사람들이 뱃놀이 한다고 손가락질 하여도 개의치 않고 두 세 차례 뱃놀이를 더 하면서 기생들에게 진명여학교에 들어가라고 강력하게 권하여 기생 10여명이 입학하자 진명여학교의 일부 후원회 회원들이 탈퇴하는 후유증도 일어났다고 한다.

삼일여학교 영어선생

당시에 선교사들이 전국을 몇 몇 지역으로 나누어 복음 전도와 교회 후원 그리고 의료활동을 하였는데 스크랜턴 대부인의 담당은 수원과 공주 지역 등 이었다.

스크랜턴 대부인은 1902년 6월 3일에 수원읍교회(현 종로감리교회)의 초가집에서 여학생 3명으로 삼일소학당을 세웠는데, 1906년에 삼일여학당과 삼일남학당으로 분리되었다.

여메리는 1904년 10월부터 삼일여학당에서 영어를 가르쳤다. 학생들을 얼마나 열심히 사랑하며 가르쳤는지 1909년 1월 10일자 대한매일신보에 여메리를 삼일여학교의 고명한 여교사라고 칭송하는 다음과 같은 기사가 '여사고명(女師高明)'이란 제목으로 실려있다.

"수원 삼일여학교 여교사 여메리씨가 신구학문에 지식이 고명하여 학도를 열심히 가르침으로 학교 상황이 흥왕하고 학교 일이 매일 새로워지며 사정에 알맞게 미리 정하여 실업과 교육이 급하게 됨을 매우 적절히 설명하여 우매한 사람 마음을 감화하게 하는 고로 가히 고명한 교사라고 사람이 모두 칭송 한다고 하더라"

대한매일신보에는 金씨로 되어 있으나 한국독립사 정보시스템을 비롯한 다른 자료에서 金은 余의 잘못으로 보고 있다. 1908년 7월

8일자 황성신문에서도 평양 연설자로 진명여학교 총교사 全..으로 잘못 보도하였다. 필자도 중학교 때 한자로 된 필자 명찰을 보고 김(金)이나 서(徐)로 읽는 경우를 많이 경험했다.

2002년에 경기도에서 발간한 경기여성발전사에서는 여메리를 개화기의 대표적인 경기도 여교사로 칭하고 있다.

삼일여학교의 초기 졸업생 중 우리나라 최초의 서양화가 나혜석이 있다. 일본으로 유학 가기 전 진명여학교에 편입하여 3회로 졸업한다. 아마도 삼일여학교를 다닐 때 진명여학교 총교사이며 삼일여학교에서 헌신적으로 영어를 가르친 여메리의 영향으로 진명여학교로 진학했을 것이라는 추측을 해 본다. 수원시에서는 나혜석길을 조성하여 나혜석을 기념하고 있다.

매향의 교훈 경천애인

이 학교는 1938년에 수원여자매향학교로 명칭이 변경되었다가 2000년에 매향여자정보고등학교로 개칭되었지만, 변함없는 교훈은 매향중학교와 같이 '경천애인(敬天愛人)'으로 아직도 기독교 설립 정신이 살아있는 학교다.

경천애인이란 마태복음 22장 37-39절인

〈매향의 교훈탑〉

'네 마음을 다하고 목숨을 다하고 뜻을 다하여 주 너희 하나님을 사랑하라 하셨으니 이것이 크고 첫째 되는 계명이요 둘째는 그와 같으니 네 이웃을 네 몸과 같이 사랑하라'의 요약 말씀이다.

매향 100년사

필자가 삼일여학교의 자료를 검토하던 중에 '매향100년사'란 자료가 있음을 알게 되었다. 인터넷으로 검색해 보니 그 책의 101쪽에 '삼일여학당의 발전과 황매례의 헌신'이란 제목하의 기사가 있음을 발견하였다. 그 다음 제목이 104쪽에서 시작하니까 적어도 2-3쪽 분량의 기사가 있을 것으로 짐작하고, 수원 토박이인 같은 교회 유경광 장로께 자료 좀 얻어달라는 도움을 청했다.

역시 토박이는 달랐다. 10분만에 전화가 왔다. 삼일고등학교장 출신 친구에게 물어보았는데 잘 모른다고 한다는 것이다. 필자는 삼일소학교가 남녀 분리되었으니, 여자학교 쪽으로 알아봐야 한다고 이야기 했다. 그러자 2시간도 못되어 전화가 다시 왔다. 그 학교의 역사자료 담당하시는 표창진 선생님과 연락이 닿았다는 것이다. 물론 표선생님도 여메리에 대한 이야기를 듣고 매우 반가워하였다고 한다. 본인도 여메리 자료를 구하려 많이 노력했는데 가족 되는 분을 알게 되어 많이 기쁘다는 것이다. 오후에 필자와 직접 통화한 표선생님은 학교 일로 무척 바쁜 가운데서도 여메리와 관련된 자료를 보내주었다.

놀랍게도 3쪽이나 되는 기사가 있었다. 기사를 읽어가는 도중에 필자는 그 동안 가졌던 큰 의문이 하나 풀렸다. 여메리가 서울에서 수원까지 어떻게 다녔을까 하는 의문이었다. 특히 진명여학교의 일과 평양진명여학교의 일도 감당해야 되는데 수원까지 다니다니 과연 어떤 교통 수단으로 다녔나 하던 질문에 대한 답이 그 기사에 있었던 것이다.

미처 생각하지 못한 것이 기차였다. 서울 수원간 기차가 생긴 것이다. 1904년에는 수원과 서울을 하루에 두 차례 오가는 기차가 다녔다. 따라서 수원 선교도 활기를 띠게 되었고 삼일학교에 대한 지원도 늘어난 것이다.

또 한가지 알게 된 것은 삼일여학당에 대한 여메리의 활동이었다. 1904년 여메리가 삼일여학교에 오기 시작하자 삼일여학당은 더욱 발전하였다. 경험 많은 여메리의 헌신적인 지도로 삼일여학당에 찾아오는 학생들이 많아지게 되었다. 특히 여메리가 영어를 가르쳤기 때문에 시골에서 영어를 가르친다는 소문은 삼일여학당의 인기를 순식간에 끌어올렸다.

1년만에 학생 수가 20명에서 40명으로 배가한 것이다. 고명한 여선생으로 칭송 받을 만 한 업적이다. 그 후 삼일여학교는 미국 스탠포드에 있는 코리아 서클(Korea Circle)로부터 운영 보조를 받아 더욱 성장하여 갔다.

크리스마스 축하 장면

그리고 재미있는 기사가 또 하나 소개되어 있다. 바로 성탄절에 관한 기사다. 크리스마스 행사는 이화학당에서도 첫해부터 있었다. 크리스마스 이브에는 메인 홀에 크리스마스 트리를 예쁘게 장식해 놓고 선물을 서로 나누고 예배를 드리는 재미있는 프로그램을 진행하면서 학생과 선생이 함께 즐겼다. 특히 미국 해외선교부 지부에서도 크리스마스 선물을 보내왔다.

1904년 성탄절 축하예배의 모습을 보여주고 있는 매우 귀한 자료로 당시 수원에 내려와 있던 루이스 선교사가 보고한 내용을 매향 100년사에서 인용해 본다.

"나는 수원에서 성탄절을 보냈는데 삼일학당과 삼일여학당 남녀두 학교 학생들에게 성탄절 축하를 어떻게 하는 것인가를 보여주기 위해 노력했다. 백 개가 넘는 등을 수원종로교회 건물 밖에 내 걸었고 붉은 기를 크게 만들어 남자석에 걸었다. 교실마다 사람들로 가득 찼다. 몰려드는 군중들을 막을 수 조차 없었다.

어린 아이들이 사람들 발에 밟힐 위험에 처하자 어떤 사람이 어린 아이들을 서랍 장 위에 앉히자고 제안하였다. 모두들 동의해서 아이들은 선반 위에 나란히 앉아 즐겁게 관람하였다. 어떤 젊은 부인들은 탁자 위에 올라가고 어떤 이는 옷장 위에 까지 올라가려 하였다.

정기적으로 출석하는 교인들에게 과일과 과자 바구니를 나누어 주었으며 학생들은 종이와 연필, 색실 등을 선물로 주었고 처음 온 사람들도 그림카드를 받아 들고 기뻐했다.

순서는 길었지만 열기는 방안 공기만큼 뜨거웠다. 창문이 하나 부서진 것과 신발과 모자 몇 개를 잃어버린 것 외에는 불상사 없이 예정대로 무난하게 잘 마쳤다. 교인들은 이 행사에 든 모든 비용을 자신들이 스스로 부담했다는 것을 자랑스럽게 말하고 있다고 이야기하고 있다"

자료의 데이터베이스화

참으로 귀한 자료이다. 크리스마스 때 길거리에서 크리스마스 캐롤이 없어지고 있는 이 시대에 우리나라 선교 초창기의 성탄절 행사 이야기를 읽으니 어렸을 때 성탄절을 기다리던 추억과 성탄절 새벽에 집집마다 돌아다니며 찬양 부르고 또 어떤 집은 들어가서 떡국을 같이 나누어 먹던 추억이 잊혀지지 않는다.

이런 귀한 자료를 지워버리지 않고 유지해 나가는 매향학원(매향중학교와 매향여자정보고등학교)에 새삼 감사를 드린다. 이젠 대부분의 교회나 학교의 역사가 100년이 넘고 있다. 30년사나 50년사에는 그래도 초창기 이야기들을 많이 수록할 수 있었지만 100년 가까이 가면서는 최근 기록에 더 많은 페이지를 할당하고 있는 경향이 많고 과거 이야기는 자꾸 줄어들게 된다.

점차 축소되어 가는 옛날 이야기들을 데이터베이스화 해서 많은 귀한 자료들이 사장되지 않고 역사 교육적으로도 보전 되기를 희망한다. 특히 여기저기 흩어져 있는 소중한 자료들을 혼자만 가지고 있다가 사장시키지 말고 많은 사람들이 쉽게 접근할 수 있는 곳에 기부하는 문화도 빨리 정착되어야겠다.

여학교 설립을 위한 찬조 연설

여메리는 여성교육의 긴박성을 알리고자 여러 차례 연설회에 참여하여 많은 호응을 얻었다. 순헌황귀비가 숙명여학교를 세울 때에도 여메리 등 많은 인사가 여론 조성을 위하여 연설회를 열고 여성교육의 필요성과 이를 위한 학교의 설립을 강조하였다.

순헌황귀비는 자기 후원으로 설립된 양정, 진명, 숙명의 세 학교에 흰색으로 독특한 표시를 남겼다. 양정은 한 줄, 진명은 두 줄, 숙명은 세 줄의 흰색 줄을 모자에, 바지 끝이나 소매 끝 교복에 표시 하도록 한 것이다. 교복 자율화가 되고 학교 모자도 없어진 지금 이러한 흔적은 찾아 보기 힘들겠지만 필자가 학생일 때만 해도 세 학교의 흰색 줄들은 마치 순헌황귀비의 솜씨를 보는 듯 했다.

1910년 7월 8일 개성에서 김정혜가 세운 정화여학교를 위한 모금운동에 '여자교육의 급무'라는 제목으로 여성교육이 시급한 일이라는 주제로 연설회를 개최하였는데 여학생의 창가로 시작하고, 진명여학교의 총교사 여메리가 연설한 후에 박우현 군수 등이 찬조연설을 하였다.

방청객이 남녀 4천명에 달했는데 호우가 쏟아졌음에도 불구하고 모두 질서 정연하게 연설을 들었다. 연설회는 대성황을 이루었고 많은 귀부인들이 참석하여 즉석에서 큰 금액을 희사하였다 한다.

연설회 전날인 7월 7일 여메리는 개성군의 신사들을 초청하여 정화여학교 재정 문제에 대한 간담회를 개최했다. 7일, 8일 연속으로 개성에서의 연설을 마친 여메리는 평양으로 가서 10일부터 24일까지 5-6차례 연설회를 가졌다.

여메리의 전반기 사역에 대한 공식 기록을 더 이상 발견하지는 못하였다. 대한제국과 일본제국 사이에 강제로 이루어져 1910년 8월 29일 발효된 한일합방으로 말미암아 학교는 몰수 당하고 모든 조직이 일본인들의 손아래로 들어가자 진명여학교도 일본에 빼앗기면서 학교 운영진이 교체 되었다. 이에 여메리는 아픈 가슴을 안고 1913년 진명을 떠난다

진명 역사 중 여메리 기록

여메리에 대한 자료를 찾고자 선릉역 근처에 있는 진명여고 동창회 사무실을 찾았다. 오피스텔 방 3칸을 사용하는 동창회 사무실은 부자 동창회구나 하는 첫인상을 갖게 한다. 일반적으로 남자 고교

동창회 사무실은 변변치 못하는데 역시 여성들은 통이 크다.

진명여학교가 탄생할 때부터 황제학교니 하면서 남들의 부러움을 샀지만 동창회 역시 학교의 재정적 후원을 듬뿍 받으면서 출발하였다.

'진명 75년사'를 1980년에 발간하였고 '진명100년 인물100년'이라는 책자를 2006년도에 발간하였다. 여메리에 대해서는 앞에서 이야기(진명여학교 총교사 참고)한 대로 진명 75년사 59쪽에 '설립 주역'의 기록 제목으로 등장한다. 그리고 '여메례황 여사'라는 제목으로 설립 실무 주역 여메리가 당시의 신여성 이라고 하면서 77쪽 한 쪽을 전부 차지하여 기록하고 있다.

이러한 기록 중 일부 수정되어야 할 부분이 있는데 이 책이 발간되면 참고하여 여메리의 약력과 보구여관이나 보호여회 관련 내용 등이 정정 될 것이라 본다. 그러나 이 기록 중 여메리가 일본에 시찰간 지역 이름이 나와 있는 것은 다른 기록에서는 찾아볼 수 없는 내용이다.

3. 여메례황(余袂禮黃) 여사
進明女學校 설립에 있어 실무적인 주역(主役)을 한 사람은 당시의 신여성 余袂禮黃이었다.

〈진명 75년사 중 여메리 소개〉

여메리의 초상화

진명여학교를 설립하는데 주역을 담당하며 1907년 개교 1주년 기념식 때 찍은 사진이 지금까지 알려진 여메리의 유일한 사진이었다. 그러다가 이번에 청주 '서문교회 70년사'에서 1931년에 찍은 사진 속의 여메리를 발견 하였다.

두 장의 사진 모두 원본에서 몇 번씩 복사되었고 사진이 너무 오래 되고 너무 흐려서 윤곽을 정확히 알아 보기 힘들어 옛날 사진을 복 원하는 곳을 찾다가 마침 필자와 같이 크리스천 IT CEO모임인 솔리 데오 회원 황상윤 사장에게 부탁을 했다.

며칠을 실무진들과 사진 복원에 대해서 연구해 본 황사장은 초상 화를 그리는 분에게 의뢰하는 것이 좋겠다는 의견을 필자에게 제시 하였다. 회사에 해상도가 좋은 카메라가 있고 우리나라에서 제일 비 싸고 좋은 컬러 프린터가 있는데도 여메리 사진의 복원은 힘들겠다 는 결론을 내린 것이다.

초상화를 실물에 가깝도록 그리는 작업은 쉬운 일이 아니고 고도 의 기술을 요한다. 소개 받은 인물화 사이트에 연락하여 초상화를 의뢰하기로 했다. 정성껏 작업하겠다는 약속을 몇 번이고 하였다.

그러나 첫 번째 초상화를 받아 본 순간 너무 예쁘게 그렸다는 감 이 든다. 그 당시 이렇게 웃고 사진을 찍을까 그리고 옷도 여메리의 상징 스타일이 아니었다. 미안한 마음으로 수정을 부탁하였는데, 수 정된 사진도 여메리의 인상과는 거리가 좀 있었다.

시청 서울광장 지하도상가에 있는 후암 초상화 연구소 김진삼 작가를 만났다. 이곳에서만 40년 가까이 개인지도를 통하여 후학을 길러내며 영정제작이나 인물화를 그리고 계신다고 한다.

필자가 작업장에 들어오기 전까지는 아주 평온한 마음으로 있었는데, 필자와 여메리 초상화 이야기를 나누면서 갑자기 마음에 큰 부담을 느끼게 된다고 솔직한 심정을 말한다. 사진이 너무 흐려서 며칠간 사진을 쳐다 보면서 구상하시겠다고 하면서 여메리의 일생 이야기를 해달라고 한다. 사람의 인상에 그 사람의 직업을 비롯한 일생이 나타난다고, 진지하게 여메리의 이야기를 들으면서 감을 잡아가는 전문가의 모습이 믿음직스럽다.

스크랜턴 대부인의 여메리 평가

여메리에 대한 선교사들의 평가 중 먼저 스크랜턴 대부인을 도우러 이 땅에 온 루이스 로드웨일러가 보고한 기록이다. 이화학당 교장을 지낸 로드웨일러도 특별히 여메리에 대한 능력과 헌신을 자세히 기록하고 있다. 11명의 이화학당 초기 학생 중 박에스더와 여메리를 특별히 기억한다고 보고한 것이다.

"내가 도착한 1887년 10월에 이화학당에는 이미 11명의 학생이 등록되어 있었다. 초기 이화학당에 입학한 학생들은 대부분 가난한 학생들이었다. 이 초기 학생들 중에서 Dr. Esther Kim Pak(박에스더)와 Mary Whang(여메리)-병원과 시약소에서 몇 년 동안 능력 있

는 조력자와 수석 간호사였으며 지금은 진명여학교에 있다, 그리고
전도부인으로 일한 다른 학생들이 배출되었다."

진명여학교 설립 초기에 매주 이틀씩 오전 시간을 내서 가르쳤던
스크랜턴 대부인이 1906년에 제출한 선교 보고 내용 가운데에 진명
여학교의 여메리에 대하여 언급한 다음과 같은 구절을 인용하면서
여메리의 전반기 사역 이야기를 마무리 한다.

"이화의 첫 번 학생 중 한 명이었던 우리의 Mrs. Mary Whang(여
메리)이 학교를 총괄하는데 지금까지 무척 만족스럽습니다."

Our Mrs. Mary Whang, one of Ewa's
first pupils, has been placed in charge
of the school, and thus far appears to be
giving entire satisfaction.

제3부

여메리의 하프타임

·

中

·

메리 스크랜턴 대부인 약사 /
마리아의 동생과 요한의 누나 결혼 / 경주군수와 재혼

일본의 강압에 의한 한일합방으로 자식처럼 키우던 진명여학교를 일본에 뺏기고만 여메리는 한동안 실의에 빠진다.

그러나 이 기간은 여메리로 하여금 인생 후반전을 준비하는 하프 타임인 셈이다. 우리나라를 남북으로 뛰어다니며 여성교육의 중요 성을 연설하고 또 진명여학교 총교사와 평양진명여학교 교장직을 수행하면서도 상동교회 주일학교나 삼일여학교에서 몸소 학생들을 가르치며 교육 일선 현장에서 청춘을 불사른 여메리였지만 그에게 도 정리해야 할 일들이 있었다.

메리 스크랜턴 대부인 약사

여메리는 양어머니 메리 스크랜턴 대부인의 역사를 짧게 정리한 약사(略史)를 1913년 6월 23일자 그리스도회보에 다음과 같은 내용 으로 기고한다.

고(故) 벤톤 스크랜턴 부인의 약사

한성진명여학교 교사 여메리황

밴톤 스크랜턴씨는 의학박사 스크랜턴씨의 대부인이니 주후 1832년 2월 19일에 미국 마사츄세스에서 출생하였는데 천성이 온후하고 자질이 특수하여 어려서부터 학업에 힘쓴 결과로 여취중학교를 졸업하고 1853년에 스크랜턴 집으로 출가하여 가정에서 가사일을 다스리더니 광음이 흐르는 물결 같은지라.

어느덧 출가한지 20년이 되었을 때 그 남편 스크랜턴씨가 불행히 병을 얻어 신음하는 고로 부인이 주야로 병석을 떠나지 않고 지성껏 잘 듣는 약으로 보살폈으나 결국은 효험이 없어서 슬프다, 이 부인으로 하여금 금슬의 즐거움을 영구히 잃어버리게 하였더라.

이후로는 그 자제를 가르치며 공공사업에 열심히 종사하여 각처로 돌아 다니면서 하나님의 도를 전파하더니 하나님께서 조선에 광명선을 내리사 1885년에 이 부인이 조선 선교사로 천거되었으니 여성계의 외국선교사는 이 부인으로 말미암아 처음 있는 일이라.

일개 아녀자로 언어가 통하지 못하고 풍속을 모르는 만리타국에 나오기를 어찌 좋아하리오 마는 이 부인이 조금도 사양하는 기색이 없이 도리어 기쁜 마음으로 그 해 5월 30일에 조선 경성에 도착하여 정동 이화정 터를 점령하고 전도할 때에 조선에는 아직 여자교육이 없음을 개탄하여 이화학당을 설립하고 학생을 모집할새 시골서 오는 학생에게 편리를 주기 위하여 기숙사와 사택을 건축하고 각종 신구학문을 교수하였으니 조선여학교의 효시가 되었도다.

그러나 이 때는 조선사람이 서양사람을 처음 보는데 미신하는 자의 말이 서양인은 조선사람의 늙은이는 잡아서 말을 먹이고 젊은이는 잡아 솟에 쪄먹으며 아이들은 잡아 서양으로 보낸다 하므로 학교에 보내지 아니하는 자가 많을 뿐 더러 입학하였던 여자도 도로 나오는 자가 있었으나 추후로 그렇지 아니함을 알고 차차 입학하는 자 많은 고로 학교가 완전히 성립되었더라.

또 여성병원을 만들고 여러 사람의 병을 치료하여 주되 또 어떤 미신자의 말이 유행하기를 서양인이 사람의 눈을 뽑아 약을 만들고 붉은 물약은 곧 사람의 피라 하여 약을 사가지고도 의심이 나서 내어버리고 가는 자 있으며 또 전도를 듣고도 천주학쟁이가 사람의 심장을 바꾸어 부모 형제를 몰라본다 하여 별별 말이 많되 이 부인은 인내심을 발하여 그대로 행하여 나아감으로 필경은 다 성공하였더라.

1889년에 보구여관을 설립하고 학생과 부녀의 병을 치료케 하며 첫 번째로 교회를 확장하였다. 동대문 안에도 교회와 여성병원과 학교를 설립하였고 1906년에 상동에 큰 교회와 학교를 설립하였으니 경성 안에 감리교회와 여학교와 여성병원에 대하여 이 부인이 스승으로 지켜야 할 도리로 일등을 차지하였다 하여도 지나친 말이 아니라 할 지로다.

경성 이외에도 수원, 장지내, 용인, 인천, 공덕리, 과천, 해미, 덕산 등 지역에도 이 부인이 다니면서 복음을 전파하여 교회와 학교를 설립하였으니 이렇게 하는 가운데 여러 천 명의 영혼을 주 앞으로 인도하며 몇 만 명의 병을 치료케 하였는지 이루 다 말할 수 없으며 또 이 부인에게 교육을 받은 여학생 중에 전도인, 교사, 간호부 등 각종 사업에 종사하여 오늘날 부인사회에 이름이 들어난 자도 많이 있더라.

슬프다 사람의 명은 한이 있는지라. 1909년 10월 2일에 이 부인의 영혼이 이 세상을 떠나 구주의 예비하신 영광스러운 곳으로 올라가고 그 자제와 자부도 이 부인의 교훈을 받아 또한 종교사업에 종사하더라.

이 부인이 이와 같이 조선을 위하여 그 목숨을 돌아보지 않고 여러 가지 좋은 사업을 성취하고 필경 조선에서 그 육신을 마치고 오늘날 그 유해가 양화진에 묻혀있도다.

그러므로 이 부인을 생각하는 여러 외국 신사숙녀 모든 분들은 부인의 지나간 자취를 기념하기 위하여 근일 기념예배당을 건축하기로 경영 중이더라.

이상과 같이 여메리가 20여년간 같이 지낸 양어머니 메리 스크랜턴 대부인의 이야기를 간략하면서도 중요한 사역을 빼먹지 않고 다 이야기하고 있어서 이 글만 읽으면 스크랜턴 대부인이 우리 나라에서 어떤 일을 했는가와 그 당시 사회 분위기를 다 알 수 있다.

이 기고문은 감리교신학대학교 연구실을 찾아 갔을 때 이덕주 교수가 필자에게 알려 준 기사이다.

메리 스크랜턴 대부인의 본 이름은 Mary Fletcher Benton Scranton이다. 그래서 여메리는 스크랜턴 대부인의 처녀적 이름인 Mary Benton에서 벤톤 스크랜턴이라고 부르고 있다. 그리고 우리 나라에 입국한 날자 5월 30일은 음력이며 양력은 6월 20일이다.

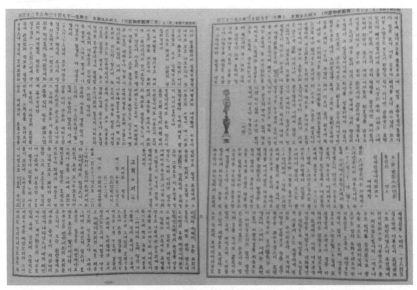

〈스크랜턴 대부인 약사 기고문〉

메리 스크랜턴 대부인 기념

양화진에 있는 스크랜턴 대부인의 비문에는 다음과 같은 글이 남겨져 있다.

"오늘 이 땅에 자유 사랑 평화의 여성교육이 열매 맺으니, 이는 스크랜턴 여사가 이화동산에 씨 뿌렸기 때문이다"

이화여대에는 스크랜턴 학부와 스크랜턴 학과가 있어서 스크랜턴 정신을 이어가고 있다. 한 때는 매년 5월이면 이화여대에서 메이 퀸(May Queen)을 선발하는 인기 있는 행사가 있었다. 제1회 메이 퀸에는 메리 스크랜턴이 선발되었다. 그러나 대학 축제의 하이라이트였던 메이 퀸 행사는 안타깝게도 1977년을 마지막으로 역사 속에 살아지고 말았다.

2015년은 스크랜턴 모자가 한국에 입국한지 150주년이 되는 해로서 외국에 사는 그 자손들이 한국을 방문하여 기념식에 참석하였고 기념패를 만들어 한국에 남겼다.

이화여고는 1956년 5월 30일 이화 창립 70주년을 맞이하여 스크랜턴 기념관을 건립하고 스크랜턴 대부인의 업적을 기리고 있다.

여메리의 기록들

여메리에 대해 우리나라에서 가장 많이 알고 있는 분이 바로 이덕주 교수다. 이덕주 교수는 879쪽에 달하는 스크랜턴 모자에 관한 이야기를 책으로 냈을 뿐 아니라 757쪽의 배재학당사(통사(通史))를 집필하였다. (사)기독교역사연구소 소장으로 우리 나라 개화기 기독교역사에 관한 많은 자료들을 정리하고 또 책으로도 발간 하면서 재미있는 이야기들을 머리 속에 환히 담고 다니는 교수시다.

1884년에 출판된 기독교대백과사전에 여메리에 대한 이야기를 거의 한쪽에 해당되는 많은 분량으로 수록하였다. 지금까지 30년 이상 메리 스크랜턴과 여메리 이야기를 정리하였으며, 마리아(헬라어 마리아는 영어로 Mary) 시리즈라 해서 설교, 강연, 세미나를 진행해 왔다.

메리 스크랜턴에 관한 자료를 찾을 때 그 근처에 있는 여메리 자료는 덤으로 얻어졌다고 보지만, 여하튼 우리 나라에 여메리 이야기를 널리 전파하시는 이덕주 교수께 다시 한번 심심한 감사를 드린다.

마리아의 동생과 요한의 누나 결혼

여메리는 1914년에 남동생 여대용을 강순주와 결혼시킨다. 동생은 1913년 3월에 보성전문학교(고려대학교 전신) 상학과를 6회로 졸업하였고, 신부는 한학자 강재근 집안의 딸이었다.

막내 아들 이름을 요한이라고 지을 정도로 예수님 사랑에 푹 빠진 강재근은 여메리의 동생을 사위로 맞아들인다. 그러고 보니 마리아(여메리)의 남동생과 요한(강요한)의 누나가 결혼한 것이다.

아들 이름을 요한이라고 지으신 분이 또 있다. 평양 연화동교회의 담임 주공삼(1875-?)목사는 맏아들을 요한, 둘째 아들을 요셉이라고 작명하였다. 소설가 주요한(1900-1979)은 '불 놀이'라는 근대시로도 유명하지만 한 때 장관을 역임하기도 했다. 동생 요섭이 소설가인 주요섭(1902-1972)인데 '사랑방 손님과 어머니'란 단편소설과 영화로 유명하다.

남동생을 결혼시키고 얼마 안 있어서 부친 세상 떠난 후 8년여 같이 모시고 살던 노모 마저 세상을 떠난 여메리에게 옛날 정동교회 초창기 때부터 같이 활약하던 양홍묵과의 결혼이 기다리고 있었다. 그 동안 양홍묵은 김씨와 결혼하여 슬하에 3남을 두었는데 상처하자 어린 아들들을 위하여 여메리에게 청혼한 것이라고 생각된다.

여메리는 자기가 살고 있던 진명학교 근처의 창성동 116번지 집을 남동생에게 물려주고 1915년에 양홍묵과 재혼한다. 명문 가문에서 태어난 양홍묵(1866-1920)은 대한제국 시기의 개화파 지식인이며 일제 강점기 초기의 관료로 알려져 있다.

여메리와 양홍묵과의 관계는 정동교회의 창립 시절로 거슬러 올라간다.

여메리와 양홍묵의 만남

여메리와 양홍묵이 처음 만난 것은 언제일까 궁금했다. 정동교회 청년회인 엡웟청년회에서 활동하면서 만난 것으로 생각되어 왔다. 그러나 '조선감리교회약사'를 보니까 정동교회 초창기에 같이 일한 기록이 다음과 같다.

"당시 주임목사는 아펜젤러씨요, 전도사는 최병규, 송기용, 노병선 제씨요, 속장에는 이무영(교영으로 개명), 양흥묵 제씨다. 여직원(다른 자료에는 한국 최초의 여전도사로 부르기도 하나, 교역자라 불러도 무방할 것이다.)은 여메리, 김사라, 이슬비, 노수산 제씨였었다"

조선감리회보에 연재되었던 조선감리

五、教會職員

當時 男女職員은, 이러하니 主任牧師는 亞扁薛羅氏오 傳道師에는 崔炳憲、宋綺用、盧炳善諸氏오 屬長에는 李懋榮(後改喬榮) 梁弘默諸氏다. 女職員은 余袂禮、金砂羅、李瑟斐、盧壽山諸氏였었다.

〈정동교회 초창기 교역자〉

교회약사(1936년 2월 12일자)를 보면 정동교회 초창기인 1889년 이전에 양흥묵은 속장으로 여메리는 교직원으로 같이 한 교회에서 사역하며 만나고 있었음을 알 수 있다. Mr. Mary Whang 이전에(결혼 전) 이름이 여메리(余袂禮)로 된 것은 이 기록이 최초인 것 같다. 이 기록을 인용하면서 余梅禮(여메례를 한자로 기록하려다 보니)라고 표기하고 있는 자료도 있다. 그러다가 둘은 청년회 임원으로서 더 적극적인 활동을 한 것이다. 그리고 26-7년 만에 둘이서 결혼을 하게 된 것이다.

협성회 창립

협성회는 1896년 7월 독립협회를 창립한 서재필박사의 지도로 1896년 11월에 양흥묵, 신흥우, 이승만, 주시경 등이 배재학당의 학생과 교직원들을 중심으로 조직되었다.

우리나라 최초의 근대적 학생단체인 협성회의 3대 회장(1897년)은 양홍묵, 부회장에 노병선 그리고 이승만은 서기로 임명되었다. 노병선은 배재학당과 정동교회를 세운 아펜젤러 목사가 1902년 6월 선박 충돌 사고로 순직한 이후 정동교회를 잠시 이끈 개화 개혁 운동과 민족운동의 지도자이다.

차수	연도	회장	부회장	서기	회계	사찰	사적	제의
3	1897	양홍묵	노병선	이승만 김연근	윤창렬 김혁수	이익채 임인호	주상호	

〈1897년 협성회 임원표〉

노병선은 '왜 동양인이 서양 종교인 기독교를 믿으려 하는가?"와 같은 질문에 답하는 신앙변증서를 우리나라 최초로 저술하고 동대문교회 등에서 설교하기도 하였다. 이후 전도와 목회활동보다는 애국 계몽운동에 주력하였다. 배재학당 제1회 명예 졸업생으로 영어를 가르쳤고 후에는 평양광성학교에서 교편을 잡기도 하였다. 이승만 박사와 의형제를 맺었고 조병옥박사의 장인이다.

양홍묵은 1898년 1월 26일에 주간 협성회 회보를 발간하고 대표로 활동하였다. 이 때 주시경선생은 저술위원이었다. 양홍묵은 독립협회가 탄압을 받자 이승만과 함께 만민공동회를 추진하는 등 민족개화를 위해 노력하였다.

〈자료 협성회회보 창간호〉

엡윗청년회 활동

여메리가 정동교회의 엡윗청년회 중앙위원과 여성청년회인 조이스회에서 부회장으로 활동하였지만, 양홍묵도 노병선이 회장인 정동교회 엡윗청년회의 임원으로 활동하였다. 영어에 능통하였던 그는 1898년 성탄절 모임에서 영어로 권면의 말씀을 하였다고 대한크리스도인회보 1898년 12월 28일자에 기록되어 있다.

당시 엡윗청년회 임원 명단을 보면 이때부터 조이스 청년회 부회장 여메리와 월은 청년회 학문국장 양홍묵이 같이 활동하고 있었음을 알 수 있다. 양홍묵은 1896년 5월 매주 토요일 오전마다 배재학당 학생들에게 조선사기(朝鮮史記)를 가르쳤다.

청년회는 교회 내 남녀는 물론 다른 교회 청년회와의 연합집회를

월은청년회 임원

	회장	전도국	학문국	인제국	다정국	통신국	회계국
1897. 10	노병선	최병헌	양홍묵	윤양철	문경호	유영석	조만수
1899. 3	노병선	최병헌			문경호		
1901. 3	양홍묵	조한규	최병헌	노병선	이경직	김연근	송석린

조이스청년회 임원

	회장	부회장	전도국	학문국	인제국	다정국	통신국	회계국
1897. 10	프라이							
1898. 12	프라이	메리						
1899. 6			윤누세	마터	쓸비여	메래	째셰	매기

〈월은 청년회와 조이스 청년회 임원진〉

가짐으로 청년들간의 우호적인 신앙교류가 많이 이루어졌다. 그리고 교회 청년간의 결혼도 점차 많아졌다. 특히 배재 출신과 이화 출신의 커플이 많았다.

협성회 활동

협성회에서는 회의 진행하는 법을 가르쳤는데, 동의·재청·개의 등 회의하는 방법에 대한 용어들이 정해졌다. 이 용어들은 오늘날 교회에서 회의할 때 아직도 사용하고 있는 용어들이다. 이후 회의는 토론회로 발전하여 협성회의 활동 중 가장 뛰어난 업적이 토론하는 문화를 만든 것이라 할 수 있다.

당시 협성회에서는 매주 토론회를 개최하였는데 한 주제를 정하여 찬성과 반대 토론자가 나서서 불꽃 튀기는 토론을 하였다. 이들이 한 토론회의 주제 몇 가지만 소개해 보면 다음과 같다.

- 국문과 한문을 섞어 씀이 가함
- 학도들은 양복을 입음이 가함
- 아내와 자매와 딸을 각종 학문으로 교육함이 가함
- 노비를 속량함이 가함.
- 우리 나라 종교를 예수교로 함이 가함
- 우리 나라에서 쓰는 자와 말과 저울을 똑같이 함이 가함

- 서울과 인천 사이에 철도 놓는데 학도를 보내어 장정과 놓
  는 규칙을 배우는 것이 가함
  - 협성회 회원들은 겨를 있는 대로 길에 나가 연설함이 가함

  이러한 토론회의 주제는 처음에 학생 복장 착용, 여성교육, 남녀
교제의 자유 등 학생 활동과 관련 있는 것들이 채택되었고, 존스 선
교사가 내려 보낸 주제는 믿는 사람의 바램, 은혜에서 자라남, 사람
의 기쁨, 알곡과 가라지 등 주로 신앙적인 것들이었다. 그러나 토론
회는 점차 주제가 확대되어 정치, 경제, 사회, 문화 전반을 다루게
되었다.

매일신문 창간

  1898년 4월 9일 창간된 매일신문은 협성회회보를 발전시킨 한글
신문이다. 역시 양홍묵이 사장을 맡았고 기자로는 이승만, 최정식
등이 참여했다. 순 한글체를 사용한 한글신문시대를 열었다. 이때
양홍묵은 배재학당 교사였다.

  이 후 이승만이 주필과 사장직을 맡았지만,
정부의 압력과 내부문제로 인하여 발간 일년
만인 1899년 4월 4일 폐간하였다. 그렇지만

〈매일신문 제호〉

민중계몽에 앞장서면서 민족의 대변지이자 우리나라 최초의 일간신문

이 순수한글로 발행되었다는데 큰 의의가 있는 매일신문 창간 이었다.

1964년 4월 10일자 동아일보에는 '한국신문 100인의 얼굴' 이라는 제목의 기획 기사로 명단과 간단한 활동을 연재하였는데, 여기에 양홍묵의 기사는 다음과 같다.

양홍묵(?-?) 배재학당 출신으로 배재학생회인 협성회를 주도하여 '독립협회'의 외곽적 역할을 담당. 또 98년에 주간 '협성회보'를 창간하고 또 그 해에 최초의 일간지 '매일신문'을 창간하여 각각 그 회장. 협성회의 주요 멤버로 유석영, 이승만, 유맹, 최정식, 신흥우 등이 있었다.

정부 관리 생활

이후 양홍묵은 정부 관리가 되어 김해군수(1907), 청도군수 (1908), 대구군수(1909)를 거쳐 1910년부터 1919년까지 경주군수로 재직했다. 경주군수 시절 석굴암이 한 우체부에 의해 발견되자 일본인 부군수와 역시 일본인인 우체국장 등을 대동하고 석굴암을 답사했다는 기사가 동아일보 1961년 11월 1일자에 실려 있다.

당시 일본인들이 석굴암 근처 석상을 강취하였고 조선총독부에서는 석굴암 자체를 서울로 뜯어 옮기려고까지 했다고 한다. 하마터면 일본으로까지 반출될 뻔한 석굴암을 양홍묵군수와 군민들이 막은 것이다.

그 후 일본인들의 감독하에 석굴암이 수리되기는 하였으나 몇 몇 주요 석상이나 석굴암 주변에 있던 탑은 사라지고 수리된 석굴암도 원형보다는 많이 훼손된 상태가 되었다.

다방면에 재주가 있었던 양홍묵에 관한 자료 중에는 1910년 내지시찰일기(국립도서관 소장)를 출판하였을 뿐 아니라, 개화기 당시 우리나라에 와있던 이탈리아 영사 로제티에게 바둑도 가르쳐 주었다. 로제티는 외교관이자 지리학자로 중국과 한국에서 외교관 생활을 하며 양국의 문화를 소개한 몇 권의 책을 출판하였는데 바둑의 고수인 선생으로부터 힘들어 하면서 바둑을 배웠다는 이야기를 다음과 같이 기록하고 있다.

"미스터 양(양홍묵)은 다재다능한 재주꾼 이었는데 바둑의 고수이기도 했다. 그는 내가 이해할 능력이 없다고 확신하면서도 아주 열심히 도와 주었다. 그러나 바둑은 나에게 너무 어려웠다."

비록 로제티가 바둑 배우기에 실패하였지만 그는 바둑을 유럽에 소개한 공로가 있는데, 그들이 같이 바둑을 두던 사진이 서울역사박물관에 전시되어 있다.

〈바둑을 가르치는 양홍묵〉

경주군수와 재혼

이렇게 교회적으로 또한 사회적으로 활약을 크게 하고 있는 양홍묵에게는 상처한 후에 아내가 꼭 필요한 존재였다. 그러나 당시 우리나라의 사회적 관습에 여자가 재혼한다는 것은 쉽게 받아들일 수 없는 상황이었다.

〈양홍묵 군수〉

한동안 고심하던 여메리는 양홍묵과의 과거 청년회 활동하던 기억도 새롭고 또 9살, 7살, 6살이던 어린 아들들을 생각하라는 양홍묵의 간곡한 부탁을 받아들인다, 모성애와 교육자로서의 기질이 여메리의 재혼을 부축인 것이다.

이제 여메리는 경주군수의 부인으로 아이들을 돌보는 한편 새로운 삶의 계기를 마련하면서 조용한 삶을 살 수 있었다. 그러나 이러한 삶도 그리 오래가지 못했다. 재혼 5년만에 54세 나이로 양홍묵이 먼저 세상을 떠난 것이다.

여메리가 갈 곳은 제2의 고향이 된 양홍묵의 고향 충청도 청원 부강이었다. 1920년 여름 막내 아이 양현채만을 데리고 부강 집에 돌아 온 여메리는 자기 집에서 사람들을 모아 예배를 드리기 시작한다.

이리하여 여메리의 인생 후반전이 시작된 것이다.

양홍묵의 족보

양홍묵의 족보를 찾는 일은 어렵지 않았다. 양홍묵과 같은 제주 양씨 금성군파 후손 중 유명한 인사 목록에 우리나라 예식장 업계의 대부인 양명영회장의 이름이 있음을 발견한 것이다.

평소 자주 모이는 대학원 동창회 임원모임 멤버 중의 한 분인 양회장께 족보 이야기를 했더니 집에 족보가 있다는 것이다. 어느 주일 아침에 교회로 향하는 중에 전화가 왔다. 족보를 사무실에 갖다 놓았으니 시간 되는대로 들려서 족보를 보라는 소식이다.

예배를 드리고 교회에서 점심을 한 후 아내와 함께 양회장 사무실로 향했다. 사무실 여직원은 일요일 오후라 식사 후 퇴근한 상태였지만 다시 사무실로 나와 달라는 전갈을 받고 와서 사무실 문을 열어 주었다. 우리는 설레는 마음으로 1999년판 제주 양씨 족보를 넘겼다. 양홍묵이란 이름이 두 군데 나오는데 우리가 찾고자 한 그 양홍묵은 아니었다. 한자가 달랐다. 순간 스치는 생각이 족보의 이름과 실생활에서 사용하는 이름이 다르다는 것이었다.

집에 와서 자료철을 뒤지니 양홍묵의 족보상 이름이 양병성인 것을 발견하였다. 이틀 뒤 양회장 사무실을 다시 찾아가서 족보를 펴보니 양병성과 세 아들 이름 효섭, 창섭, 채섭이 수록되어 있다.

기대했던 여메리의 기록은 족보에 없었다. 정부인(貞夫人)만 족보에 기록되어 있고 여메리의 기록은 없었다. 여성들 이름이 족보에 잘 올라가지 않던 시절이라 그럴 것이다.

그러나 한가지 소득은 있었다. 양홍묵에 관한 일반 기록에 보면 여메리가 아들 현채를 데리고 고향에 갔다고 하기도 하고 현채라는 이름 때문인지 딸을 데리고 갔다고도 한다. 심지어는 양홍묵과 여메리 사이에 채섭이란 아들이 있었다는 기록까지 있다.

채섭과 현채는 같은 이름이다. 채섭이 족보상 이름이고 현채는 사회에서 부르는 이름이다. 현채는 규남(명교 또는 세윤), 규형(민교 또는 세훈) 두 아들을 두었는데 모두 미국으로 유학 갔다고 족보에 기록되어 있어서 더 이상 추적할 수 없게 되었다.

족보는 통상 30년 마다 한번씩 이름을 올리는데 다음 번 양씨 족보 수록할 때 양홍묵의 계배(繼配)로 여메리가 올려지기를 기대해 본다.

제4부

여메리의 후반기

·

後

·

부강교회 탄생 / 임창호 장로 /
경성성서학원 교수 / 청주교회 전도사

後

부강교회 탄생

어린 아들을 데리고 양홍묵의 고향인 충청북도 청원의 부강으로
내려온 여메리는 양홍묵의 넓고 큰 집에서 동네 사람들을 모아 예배
드리기 시작하니 이 예배가 현재 부강교회의 모태가 되었다

부강교회가 탄생하면서 생긴 재미있는 이야기가 있다. 감리교회에
서 성숙한 여메리는 부강교회를 감리교 소속으로 하고 싶었다. 그러
나 그 지역 장로교 교역자들이 찾아와서 이 지역은 장로교에서 개척
하기로 감리교 선교본부와 이미 합의 한 것이 있으므로 감리교회 설
립은 안 된다고 강력하게 주장하는 것이었다.

난감해 하는 여메리는 당시 이 지역을 순회하던 동양선교회 길보
른(Kilbourne: 1865-1928)을 만난다. 길보른은 즉석에서 동양선교
회 복음전도관 간판을 달 것을 허락하였다. 길보른은 회사 동료 카
우만과 함께 일본에서 동양선교를 위해 활약하면서 1917년에 성결
교단을 탄생시킨 기도의 사람이었다. 또한 일본, 한국, 중국에서 신

학교를 통한 교역자 양성과 선교의 사명을 감당하였다. 영어에 능통한 여메리의 사정 이야기를 들은 길보른이 그 자리에서 선뜻 허락하였다고 본다. 동양선교회 복음전도관이 부강에 탄생한 것이다.

이 때가 1920년 여름이다. 여메리의 새로운 인생이 이제 열매 맺기 위해 매진하기 시작한 것이다. 이젠 여메리 인생에서 아팠던 과거를 모두 묻어 버리고 인생 후반기가 또 한번 찬란히 열리는 순간이다.

여메리는 서울로 올라와 동양선교회에서 리더 역할을 하고 있는 이명직 목사를 찾아가서 이러한 사정 이야기를 전하자, 이명직 목사는 껄껄 웃으면서 다음과 같이 말했다.

"10여년 전에 장로교와 감리교 선교사들이 만나서, 이북은 장로교가 이남은 감리교가 맡아서 책임 전도 하자고 구역을 정했지요. 그렇지만 몇 년 후에 곧 폐지했지요. 누구나 전도할 수 있고 교회를 세울 수 있는 거지요. 욕심을 부리면 안 되는 거지요."

이명직 목사는 장로교회의 행패를 이기려면 힘 있는 남자 목사를 보내서 성결교회를 개척하자고 했다. 그 대신 여메리에게 성서학원에 들어가 정식으로 공부하여 여교역자가 되라고 권했다. 이렇게 해서 1921년 9월 3일에 곽재근 전도사가 파송 되어서 여메리 집에다 부강성결교회를 창립하였다.

이명직 목사가 기억하는 여메리

이명직(1890-1973) 목사님은 성결교회의 사부라 칭한다. 성결교는 정빈과 김상준이 1907년 동양선교회 소속 동경성서학원을 졸업하고 함께 귀국하여 모국 선교를 독자적으로 시작하므로 태동하였다.

1911년 동경성서학원을 졸업한 이명직 목사는 '중생, 성결, 신유, 재림'의 4중복음이라는 성서의 근거를 자신의 체험을 통하여 성결교회의 집약적 중심교리로 발전시킨 성결교회의 교부이자 사부이며 성결의 기수였다.

신학생이나 목사들한테 '세상적인 명예와 권세를 바라면 안 된다'고 강조하였다. 이명직 목사는 여메리와 경성성서학원에서 후학을 가르치면서 많은 시간을 같이 보냈다.

여메리를 처음 만나 이야기를 나누면서 이명직 목사는 먼저 떠난 남편의 집에서 전도한 사람들을 모아 예배를 드린다는 여메리를 매우 칭찬했다. 쉽지 않은 사역을 감당한다는 것이다.

"참으로 훌륭하신 분이었고 많은 분들의 존경을 받은 분"이라고 후일에도 이명직 목사는 여메리에 대한 칭찬을 그치지 않았다고 한다.

선교지 분할정책

선교지 분할정책은 적은 선교사 숫자로 넓은 지역을 감당하기 위해서 옛적 고구려나 발해 지역까지 망라하여 다음과 같이 선교 구역을 나누어 담당하였으나, 항구 도시나 경기도는 공동 선교지로 하였다.

- 전라도와 충청도 일부: 미국 남장로회
- 경상남도: 호주 장로회
- 함경도: 캐나다 장로회
- 경상북도, 충청북도, 경기도, 황해도: 미국 북장로회
- 강원도, 경기도, 황해도, 충청도 일부: 미국 남북감리회
- 장춘, 하얼빈 등 만주 지역: 미국 북감리회
- 블라디보스톡 지역: 미국 남감리회

그러나 이러한 교단적 지역분할은 1913년 설정을 마지막으로 더 이상 계속되지는 않았다. 그럼에도 불구하고 장로교 측에서 영역 주장을 한 것이 여메리로 하여금 성결교로 옮겨가도록 강요한 결과가 되고 말았다.

재미있는 사실은 부강에 성결교회가 시작될 때 장로교회에서 성도들을 보내어 성결교회가 부흥되도록 부강장로교회에서 도와 주었다는 기사가 부강장로교회 50년사에 기록되어 있다고 한다. 뿐만 아니

라, 청주 지방에서 초창기에 장로교회와 합동으로 부흥집회를 갖고 교파를 초월하여 지역 주민 전도에 힘을 모았다는 기록도 읽은 기억이 난다.

임창호 장로

〈임창호 장로〉

1905년 3월 13일 충북 청원군 부용면 부강리에서 가난한 농부의 아들로 태어난 임창호(1905-1994)는 가난하지만 순박한 시골농부인 부모의 사랑 속에 성장했다.

7살에 동네 서당에서 한문을 배운 후 10살에 동네 밖에 새로 생긴 소학교에 들어가 공부하였는데 특히 산수를 좋아하였다. 소학교를 졸업한 다음 해인 1920년 여름에 동네 갑부 양홍묵 경주군수의 크고 넓은 집에서 이 마을에 처음으로 가정교회가 시작되었는데 친구 따라 어린이가 모이는 주일학교에 간 것이 임창호의 일생을 바꿔 놓았다.

임창호는 예수 믿는 것이 너무 좋았다. 특히 구약의 요셉 이야기는 매우 재미있었고 그에게 큰 꿈을 품게 했다. 그래서 그는 마을 친구들에게도 전도하여 같이 교회 다니게 했다.

임창호가 17살 때 고향을 떠나기로 결심하자 부강교회를 담임하던 곽재근 전도사는 아브라함이 고향을 떠나서 가는 곳마다 예배를 드린 것처럼 가는 곳마다 교회를 찾아 주일성수를 하라는 등 임창호 일생의 좌우명과 지침이 될 말을 해주었다.

전주로 간 그는 먼저 교회가 있는 근처에 하숙을 정하고 여기저기 직장을 구했다. 사환을 구한다는 광고를 보고 찾아간 곳이 일본생명 보험주식회사 전주지점이었다

한국보험업계의 선구자

사환으로 입사하였지만 여러 가지 역경을 "주님. 오늘 내 눈물을 보시고, 많은 결실을 얻게 하옵소서. 아멘."하는 기도로 물리치면서 그는 마침내 전주지점장, 평양지점장을 거쳐 1941년에 경성(서울) 지점장이 되었다. 일본생명보험회사에서 조선인 최고의 자리에 올라간 것이다.

해방이 되자 1946년 9월에 '대한생명보험주식회사'를 창업했다. 한국 최초의 보험회사였다. 돈을 무척 많이 벌어서 서울뿐 아니라 부산, 대구 등 큰 도시마다 대한생명 사옥으로 큰 빌딩을 지었다. 그후 1970년대 정치적 소용돌이 속에서 부강의 프라스틱 공장과 대한생명보험주식회사는 다른 기업으로 넘어갔지만 임창호 장로는 불의와 타협하지 않고 신앙인으로서의 자세를 견고하게 붙잡았다.

임창호 장로의 헌신

남대문 근처에 있던 대한생명보험주식회사 건물의 1층 로비에 연말에 되면 커다란 크리스마스 트리를 장식했는데 얼마나 화려했는지 해마다 많은 사람들이 구경하러 몰려들었다고 한다. 예수님 탄생을 축하하는 크리스마스 트리가 간접 전도 역할도 한 것이다.

1950년 4월 10일에 서울 돈암동교회 장로로 장립된 후 임창호 장로는 성결교단 장로회 제2대 회장(1954-56)으로 섬기면서 모든 모임을 자비로 봉사하는 등 열심을 다했다.

어려서부터 전도에 힘쓴 임창호 장로가 불교신도회장의 아들인 둘째 사위를 쉽게 전도하지 못하고 이를 위해 끊임없이 기도하다가 나중에는 그 사위를 교회 장로가 되게 한 일화도 유명하다.

1967년 4월에는 고향에 부강교회를 새롭게 건축하여 봉헌하였다. 부강교회는 그 후 조금 넓혔지만 지금도 본당을 임창호 장로 기념예배당으로 부른다.

중앙성결교회 산곡기도원도 1973년 임창호 장로의 헌신으로 시작되어 1974년 건립되었는데, 교회에서는 기도원 본관 건물 명칭을 그의 호인 운경(雲耕)기념관이라 명명하였다.

이렇게 주일학생 한 영혼의 전도가 하나님 나라 확장을 위한 큰 일꾼을 만들고 또 많은 열매를 맺는다는 간증이 여메리 이야기를 통해 전해지고 있는 것이다.

임창호 장로는 성결신학교 이사장을 지낸 경력도 있어서, 경복고 후배인 성결대 교수 박영철 장로한테 임창호 장로 사진 확인과 함께 김정호 목사 자료를 부탁하였다. 임창호 장로 사진은 확인이 되었는데, 김정호 목사 자료는 박교수가 기독교 역사 전공이신 정상운 총장께 공을 넘겨버렸다. 며칠 후 정상운 총장님은 감사하게도 학자답게 표지와 발행년도가 있는 마지막 페이지까지 포함하여 정성스럽게 자료를 복사해서 보내주셨다.

임창호장로가 기억하는 여메리

"큰 집의 넓은 마루를 치우고 그곳에 마을 어린이들을 모았다. 집 주인 여메리 전도사는 얼굴이 예쁘고 목소리가 고와서 아이들이 좋아했다. 나는 여메리 전도사를 통해 예수님은 세상 사람들을 구원하기 위해 하나님께서 보낸 하나님의 아들임을 알게 되었다.

특히 예수님께서 우리 때문에 십자가에 못 박혀 고통을 당하시고 죽으신 것을 이야기하실 때마다 눈에 눈물이 글썽 하시는 여메리 전도사의 모습을 나는 평생 잊을 수가 없었다. 또 그녀는 꾀꼬리 같이 맑고 고운 음성으로 찬송가를 잘 가르쳐 주었다.

그 때 배운 찬송 중에 "예수 사랑하심은 거룩하신 말일세. 우리들은 약하나 예수 권세 많도다" 찬송을 나는 가장 좋아했고, 평생토록 어려울 때마다 즐겨 부르고 힘을 얻는 찬송이 되었다."

임창호 장로의 이야기에 나오는 여메리에 대한 기록은 류재하 목사님이 2009년 한국성결신문에 연재한 내용에서 인용하였다. 류재하 목사님은 서부교회 원로시지만, 특별히 설교하실 때가 아니면 주일날은 본부교회에서 예배 드리신다고 하신다.

류재하 목사님

원로 목사님들께서는 후임 담임목사에게 부담을 주지 않기 위해서, 주일에 교단 총회본부에 모여 예배를 드린 지 10년이 되었다고 한다. 류목사님을 만나러 간 날 예배 시작 전에 많은 원로 목사님들께서 반갑게 맞으시면서 처음 만나는 것 같은데 누구시냐고 물어 오신다.

필자는 류목사님과 약속이 되어서 아내와 같이 예배 드린다고 대답하였는데 그날 예배는 정말 은혜가 넘치는 예배였다. 오랜만에 드리는 정통예배였고 원로목사님 부부로 구성된 찬양대는 오랜 경륜에서 흘러 나오는 찬양이었다. 특히 말씀 전하시는 목사님도 과거 목회하시면서 부족했던 점들을 이제 뒤돌아 보니 많은 후회를 하게 된다고 솔직히 고백하시는 모습은 많은 목회자들에게 귀감이 되는 말씀이었다.

〈류재하 목사〉

류목사님은 시인으로 등단도 하셨고 교단 교육의 질적 향상을 위해서도 많은 수고를 하신 분이다. 한국성결신문 편집국장, 총회본부 교육국장을 지내시면서 많은 글을 쓰셨다. 특히 활천 월간지를 1922년 12월 창간호부터 모두 모아서 영인본을 만들어 기독교 역사를 연구하시는 분은 물론 목회자나 평신도 등 많은 사람들이 쉽게 참고할 수 있도록 하신 공로가 크시다.

활천 영인본을 편집할 때 일화가 있다. 창간호를 구하지 못해 애를 태우다가 기독교문사를 운영하시는 한영제 장로(1925-2008)가 교계관련 창간호를 수집하고 계신다는 소문을 듣고 찾아가서 영인본 작업 계획을 말씀 드리고 잠시 빌려달라고 하였지만 한장로는 '책이란 빌려주는 것이 곧 주는 것과 같다'고 하시면서 절대로 외부 유출은 안 된다고 하셔서 할 수 없이 류목사님께서 각서를 쓰고 빌렸다고 한다. 고마운 마음으로 영인본 출판기념식에서 한장로께 감사패를 전해드렸는데 한장로는 책 모으다가 감사패 받기는 처음이라고 하시며 웃으셨단다. 2001년 한장로가 이천에 설립한 한국기독교 역사박물관에는 개인적으로 소장하던 장서 10만권을 비롯한 기독교 초기 유물들이 많이 전시되어 있다.

필자도 여메리의 후반기 사역을 위한 자료를 파악하는데 활천의 덕을 많이 본 장본인중의 한 사람이다. 필자와 류목사님과의 대화는 같이 식사하고 차 마시고 하면서 2시간이 넘게 계속되었는데도 조금도 지루하지 않고 보낸 매우 값진 시간이었다.

류목사님이 60년대 초에 종로교회에 노래 잘하는 여씨 성을 가진 여고생이 기억난다고 하시는데, 그 여고생이 바로 필자의 사촌 누이 여영옥이라고 말씀 드리자 성가대 활동의 옛 추억을 되새기시면서 더욱 반가워 하셨다.

류목사님께서는 요즘도 계속해서 몇 군데 글을 기고하고 계신다. 앞으로 성결교 여성 목회자에 대한 책을 집필하실 계획을 갖고 계신다면서 여메리에 대한 많은 자료를 참고하시겠다고 말씀하신다.

여메리여사 영세불망비

〈여메리여사 영세불망비〉

부강교회를 봉헌하고 나서 임창호 장로는 47년전 예수님을 영접하게 해준 여메리여사를 생각해 보았을 것임이 틀림없다. 그동안 거친 세상 풍파와 싸우느라 여메리를 잊어버리고 살아왔던 자신을 책망이라도 하듯이 임창호 장로는 1967년 11월에 자신이 봉헌한 교회 바로 앞에 여메리여사 영세불망비(余메리女史 永世不忘碑)를 세운 것이다.

영원토록 여메리를 잊어서는 안 된다는 간절한 소원을 담아 71x17x 118cm 화강암 기념비를 장로 임창호, 권사 강정희 이름으로 세웠는데, 기념비 뒷면에 있는 글은 다음과 같다.

여메리 여사는 뜻한바 있어 일찍이 이화학당을 일회로 졸업하시고 이조 말엽에 궁내에서 영어 통역관으로 봉직하시는 한편 궁중에서 고관들의 부녀자들에게 신학문을 교육시켰으며 엄비와 뜻을 같이하며 진명여학교를 설립하시고 동교에서 총교사직에 임하고 그 후 평양진명여학교 교장을 역임한 후 서울신학교교수 겸 여자 사감으로 다년간 봉직한 바도 있어 교육계는 물론 종교계에 공적이 매우 큰 우리나라 여성계의 선구자이시다.

그 후 부강에 낙향 은거하시여 부강성결교회를 창설하시와 구령사업에 헌신하였도다.

이 모든 공적을 영원히 기념하고 추모하기 위하여 이 교회를 새로 건립함과 동시에 불망비를 건립 하는도다.

주후 1967년 11월   일

영세불망비를 찾은 삼형제 부부

이러한 기념비에 대한 이야기를 필자는 부친으로부터 들었지만 부친은 이 기념비가 6.25때 폭격으로 없어졌을 것으로 알고 계셨다. 그래서 필자 가족이 그 동안 찾지 않았던 것이다. 그러다가 금년 봄에서

야 필자는 부강교회에 이 기념비가
아직 있다는 사실을 활천에 실려있
는 기사를 통해서 알게 되었다.

4월에 아내와 함께 우선 이 기념
비가 아직도 있는지를 확인하기 위
해 부강교회를 방문하였다. 주일 오

〈부강교회 목사님과〉

후 늦은 시간이라 교회에 안내하는 분을 만날 수 없어서 둘이서만
교회 주변을 둘러 보는 중에 사택에 계시던 박종균 목사님이 인기척
을 듣고 나오셨다. 박목사님의 안내로 우리는 교회 옆에 세워 둔 비
석을 만났다. 참으로 역사적이고 감격스러운 순간이었다.

연락을 받고 사모님과 함께 달려온 송영규 담임목사님은 2021년
이 부강교회 창립 100주년을 맞이하는 해로 그전에 자료들을 수집
하는 중인데, 마침 잘 오셨다고 하면서 저녁식사를 맛있게 대접해
주셨다.

그 후 7월에 필자 삼형제는 부부 동반으로 부강교회를 다시 찾아
가서 여메리를 생각하며 기념비 앞에서 사진을 찍었다. 너무 늦게
찾아와서 죄송합니다 속으로 용서를 빌고 또 빌었다. 그리고 어떤
분인지도 잘 모르는 기념비를 지금까지 50년간 보전해 오고 있는 부
강교회에 무한 감사를 드렸다.

부강교회에는 '여메리여사 영세불망비' 이외에도 '여메리 기념 기

도실'을 운영하고 있다. 기도실 안에
는 간략한 여메리의 약력이 기록되어
있는 액자도 걸려 있다. 그 동안 부강
교회 성도들은 여메리를 기억은 하면

〈여메리 기념 기도실〉

서도 정확하게 어떤 환경에서 살면서 어떤 사역을 한 분인지 잘 모
르고 있었다고 한다.

이제 부강교회는 그 설립배경과 함께 탄생 주역인 여메리 전도사
의 일생에 대하여 확실한 이야기를 알 수 있게 되었다.

여메리와 부강교회 성령의 불

이후 부강교회는 계속 성장하여 3년 만에 성도들이 건축헌금을 하
였을 뿐 아니라 죽전리교회, 조치원교회, 시동교회의 설립에 중추적
인 역할을 하였다.

여메리는 1927년 8월 15일부터 20일 저녁까지 전도대의 김동훈
전도사(1928년 조치원교회 부임 후 순교)와 부강교회 교우들의 열
렬한 합력하에 비신자 집회를 열었는데 결심자 10여명을 얻었고, 새
벽에는 신자들의 특별 기도회가 있어서 평균 20여명씩 모여 모든 죄
를 통회자복함으로 모두가 큰 은혜를 받았다고 한다.

또한 여메리는 하기휴가로 귀향하는 기회를 이용하여 1929년 6월
29일 밤에 수원교회에서 부인특별집회를 열었는데. 부인들만 70여

명이 모여 주의 말씀을 듣는 재미를 가졌고 새로운 구도자 6명을 얻었다고 보고하고 있다. 그들 중에는 20여년전 삼일여학교에서 여메리에게 영어교육을 받았던 학생들도 있었을 것이다.

이어 7월 11일부터 14일까지 부강교회에서 장막대거전도회를 열고 수 백 명에게 주의 복음을 전하는 중 결심자가 50여명에 달했다. 7월 16일부터 21일까지는 청주교회에서 여메리 등 7명의 강사가 장막전도회를 열고 남녀 220명의 결심자를 얻었다.

〈여메리가 집회한 부강교회〉

모든 성도들이 4,5년 동안 기도하고 준비하는 가운데 1932년 1월 5일부터 10일까지 조치원교회 천세봉 목사를 모시고 강사와 제직들이 금식성회를 열었다. 이외에도 다수의 금식철야기도자가 있었다. 집회는 강력한 성령님의 역사로 기쁨의 간증과 자발적인 독창의 찬미는 물론 4,50명의 회중이 3번이나 굴레 벗은 송아지처럼 원을 그리며 찬미하고 뛰어 춤추었다고 기록되어 있다. 성령의 불 역사를 뜨겁게 체험한 것이다.

이와 같은 부강교회 성령님의 불 역사는 1924년의 주일학생까지 참여한 2번의 성결운동과 1925년의 회개 운동 그리고 1927년과 1929년 두 번에 걸친 여메리의 부흥회 인도가 큰 불씨가 되었다고 볼 수 있다.

100주년을 준비하는 부강교회

부강교회가 어떤 때는 조치원교회 지교회로 운영되기도 하고 신사참배 반대로 교역자가 경찰국 고등계에 구금되었는가 하면 1944년에는 교회가 해산되어 교회 건물이 지역 소채조합 사무실로 사용되는 등 어려움을 겪기도 하였다.

부강교회 역대 교역자 명단에서 특별히 눈에 띄는 목사님이 계신다. 1948년에 부임하신 김중환목사님이다. 1955년 서울 종로성결교회 초대 담임목사로 가실 때까지 8년간 부강교회를 섬기신 것으로 기록되어 있다. 종로교회는 필자가 중·고·대학까지 10년을 가족과 함께 다닌 교회다. 이런 인연이 있을 줄은 몰랐다.

학생부는 토요일에 모이고 주일에는 어른들과 같이 예배를 드렸기 때문에 10년동안 김중환목사님 설교 하시던 모습을 잊을 수가 없다. 대학교 다니면서 전도한 같은 과 동기 변진환군이 나중에 김목사님 둘째 딸 김종희와 결혼을 해서 지금은 캐나다에 살고 있다.

1967년에 임창호 장로가 건축 봉헌한 예배당 건물을 그 동안 소폭 수리하거나 개보수 하면서 사용하여 오다가, 2011년에 증개축 공사를 마무리하였다. 이 때 임창호 장로 가족을 초청하여 입당예배를 드리고 본당에 임창호 장로 기념 예배당이란 표지를 붙였다.

교회 설립 100주년을 준비하면서 송영규목사님은 또 다른 임창호 장로와 같은 인재를 양육하려는 계획을 추진하고 있다.

영육간에 부강(富强)한 교회로 계속 성장하고 있는 세종특별자치시의 부강(芙江)교회이다.

경성성서학원 교수

이명직 목사의 권유로 서울로 올라와 경성성서학원(현 서울신학대학교)에 입학한 여메리는 1923년 졸업과 동시에 여자기숙사 부사감 직책을 맡았으며 그 다음해에는 사감이 된다. 당시의 인사발령 명단에 그 이름이 '량메리'라고 되어 있는 것을 보면 한문으로 쓸 때는 袂禮라

〈'메리' 임명기 및 기사〉

고 쓰지만 부를 때는 '메리'라고 불렀음이 확실하다.

이후 여러 지방의 부흥회 강사로 활동도 하면서 1925년에는 여자부 교수겸 기숙사 사감의 발령을 받는다. 기숙사 여사감의 자리는 여메리가 청주교회 전도사로 부임하면서 후배 백신영에게 물려 주었다. 백신영 전도 부인은 3.1 운동 직후 비밀결사조직의 결사부장을 맡아 활동하다가 복역도 하였다. 백신영은 성결교회내 전국연

〈여자부 교수 겸 사감 여메리 임명기〉

합회부인회를 조직하고 문서선교에 헌신했다.

1929년 연말연시를 맞아 월간지 활천에 축하메시지 후원을 한 내역을 보면 여메리라는 이름을 다시 쓰기 시작한 것을 알 수 있다. 후원자 명단에는 외국인 교수 테이트(태애도)와 뿌릭쓰(박부락) 이름과 부강교회

〈여메리 이름으로 후원〉

초대 담임으로 사역한 곽재근 목사의 이름도 나란히 보인다. 이제 여메리는 자신의 처음 이름을 되찾은 것이다.

청주교회 전도사

여메리는 청주교회에서 마지막 사역을 하였는데 청주교회의 성장 배경과 여메리가 장막집회 강사로도 참석하였던 이야기를 활천에 실린 청주교회 소식을 중심으로 알아 본다.

청주교회의 창립

청주교회는 주의 축복으로 본정3정목 165번지에 예배당을 정하고, 1929년 4월 28일 주일부터 박기래집사외 38명이 기쁨으로 예배 드리던 중 새신자 8인을 얻었고 그날 오후에는 어린아이 40명이 참석하여 재미있게 공부하였다. 저녁예배에는 50여명이 예배 드리는 중 새신자 4명을 얻었으므로 승리 중에 주님께 영광을 돌렸다.

청주교회의 대거전도회

청주교회는 창립 된지 불과 한달 여 만에 주의 축복으로 점점 진흥하게 되었다. 먼저 믿은 자가 열렬히 전도하여 새로운 구도자가 속출하였다. 장년이 평균 40명이고 주일학교 학생이 70명이 되었다. 특히 5월 27일부터 30일까지 조치원교회 천세봉 목사를 초빙하여 대거전도회를 열고 노방전도를 통하여 수 백 명에게 전도하여 30명의 신자를 얻었다. 6월 3일에는 순회목사가 오셔서 또 대거전도회를 열고 7, 80명에게 복음을 전하여 결신자 7명을 얻고 2명의 집사 임명식이 있었다.

대전도집회를 당시에는 대거전도회(大擧傳導會)라 불렀다. 많은 사람을 한꺼번에 전도하자는 의미의 대거전도회는 주의 축복과 주의 은혜로 대전도집회와 노방 전도를 통하여 결신자들이 계속 늘어나게 하였다.

장막전도회 강사 여메리

청주교회는 7월 16일부터 21일까지 남문 턱 중앙에다 장막을 치고 대거전도집회를 가졌는데 이 때 조치원교회 천세봉 목사, 부강교회 김련욱 전도사와 서울에서 내려온 여메리 등 7명의 강사진이 사역하였다. 성령님의 역사로 매일 밤 천 여명의 군중이 사방에서 물밀듯 몰려와서 주의 복음을 듣고 6일 동안 믿기로 결심한 자가 남녀 220명에 달했다.

오후 1시에는 어린이 집회를 열고 8, 90

〈청주교회 장막전도회 소식〉

명 아이들에게 주의 복음을 전하는 중 주일학교 지원자가 70여명 되었다. 이번 집회에 장로교 신자들도 많이 참석하여 후원하였는데, 특별히 주께 감사 드리는 것은 장막터를 주인이 무료로 빌려 주었고, 그 회사에서도 장막 가운데 세우는 기둥을 그냥 빌려 주었다. 그외 모든 인사의 원조가 많았다.

청주교회의 급성장

활천 109호(1931년 12호)에 실린 청주교회의 성장 소식을 보자.

청주교회는 주의 은혜로 1년 6개월만에 장년이 70여명, 주일학생이 100여명 달하여 예배당이 좁아서 그들을 다 수용하지 못할 형편이 되었다. 이에 기도 하던 중 신자들의 헌금과 미국 교회의 희생적 헌금 그리고 본부의 보조에 힘입어 대지 252평에다 34평의 벽돌집을 건축하고 교역자의 사택도 신축하여 1931년 9월 7일 저녁에 봉헌예배를 드렸다.

계속하여 강사 6인을 초청하여 5일간 대전도집회를 열고 대대적으로 활동하여 2, 3백명의 청중 가운데 90여명의 결심자를 얻었다. 청주교회는 자립하는 교회로 성장하며, 기도처와 지교회를 설립할 만큼 선교에도 열정이 높았다고 알려졌다. 이렇게 날로 부흥하는 청주교회에 동역자로 여메리 전도사가 부임한 것이다.

여메리 청주교회에 임명

청주교회는 1929년 김승만 목사를 담임으로 창립되었지만, 성결교회 제3회 연회 임명기(1931년 3월 22일자)에는 청주교회에 김승만과 여메리, 제4회 연회 임명기(1932년 3월 27일자)에는 청주교회에 장원초와 여메리 이름이 동역자로 나란히 적혀 있다.

청주교회의 성도가 많아지니까 창립 초기부터

좌측은 3회, 우측은 4회
연회 임명기
〈여메리 전도사 임명기〉

교역자도 두 명씩 임명한 것으로 보인다. 필자는 청주교회 부흥의 비결을 청주교회 소식 전하는 보고서에서 발견했다. 그들은 청주 교회의 소식을 전할 때 마다 '주의 축복으로', '성령님의 역사로', '주의 은혜로' 하면서 머리 되시는 주님을 먼저 찬양한 것이다.

여메리의 마지막 공식 사역지인 청주교회(현 서문교회)에서의 여메리 흔적을 찾아보기로 했다. 청주교회 70년사와 청주지방회 50년사 및 충북기독교 100년사의 기록을 열람하고자 한다고 청주서문교회에 연락을 해 놓고 부강교회를 재 방문한 후에 청주로 향했다. 뜻하지 않게 박대훈 담임목사님께서 맞아 주셨다. 박목사님은 평소에 교회사에 대해서 관심이 많으셔서 필자가 방문한다는 말에 직접 자료를 찾아 보시고 형광펜으로 여메리에 대한 기사를 표시까지 해 놓으셨다. 덕분에 여메리에 대해서 다시 한번 관심을 갖고 읽어 보았다고 하신다.

서문교회 70년사

청주교회는 그 후 청주서문교회로 부르다가 이제는 그냥 서문교회라고 부른다. 지방교회이지만 세계 선교를 주력하다 보니까 이름도 걸맞게 바꾼 것이다. 벌써 남미까지 포함하여 37개국에 선교사를 파송하고 있다. 모든 선교사가 다 서문교회 출신이라고 한다. 선교 활동으로는 보기 드문 대활약이다.

서문교회 90년 역사 자료실을 보여 주시면
서 박목사님은 1930년부터 관련된 사진과 유
품들을 전시하고 있는데 요즘 젊은 성도들이
과거 역사에 관심이 적다고 아쉬워하신다. 본
당까지 같이 다니시면서 여기 저기에 여메리
전도사의 보이지 않는 손길이 오늘날의 서문
교회로까지 성장하게 되었다고 과찬의 말씀을
하셔서 필자 일행은 몸 둘 바를 알지 못하였다.

〈서문교회 박목사님과〉

여메리 전도사에 대해 서문교회 70년사에 기록된 내용은

"당시 신여성이었고, 국가적으로도 높이 인정을 받던 인재였으며,
그러한 그녀가 헌신하여 주의 종으로서 아무도 알아주지 않는 시골
한 구석에서 그 마지막을 장식한, 실로 이 시대의 귀감으로 여겨진
다"라고 하면서,

"왕실의 후원을 등에 업고 신진 여성계의 총아로 전국에 이름을
떨치던 여메리가 우리 교단하고 인연을 맺은 것도 하나님의 은혜이
며, 그런 그녀가 충청도 시골 조치원에서 하나님의 이름 없는 종으
로 조용히 소천 받았다는 것도 우리에게 시사하는 바가 크다. 비록
짧은 기간이었으나 그녀가 청주교회에서 첫 일선 목회를 시작 했다
는 것은 청주교회 역사에서 뜻 깊은 만남이라 할 것이다"라고 마무
리 하며 한 페이지 전부를 여메리 이야기로 장식하고 있다.

박대훈 목사님께서는 서문교회 70년사 한 권을 필자에게 기념으로 주시고, 교회 마당까지 나오시면서 우리 일행을 배웅하신다. 교회 앞에서 기념사진을 같이 찍고, 몇 번이고 감사하다는 인사를 드리면서 우리는 서울로 향했다.

여메리 사진

한편 '충북기독교 백년사'에서는 충북 최초의 성결교회 부강교회라는 제목하에 여메리의 이름을 어떻게 발음하는 것이 옳으냐에 대한 자세한 내력과 설명이 기록되어 있고, 청주교회에 대해서는 여메리(경성성서학원 교수겸 여사감)가 전 신자 전도 대회에 강사진 일원으로 참석하였다는 기사를 수록하고 있다.

'청주지방회 50년사'의 '청주지방회를 빛낸 인물들'편에서는 여메리 전도사에 대한 이야기를 일반적으로 알려진 내용을 중심으로 세 쪽 소개하고 있다.

그런데 집에 와서 서문교회 70년사를 살펴 보다가 뜻밖의 사진을 만났다. 1931년 9월에 교회 봉헌시 촬영한 전교인 기념사진인데 이 속에 여메리가 보인 것이다. 워낙 많은 성도가 함께한 사진이어서 선명하지는 않지만 진명여학교 개교 1주년 사진에서 본 그 모습을 필자와 아내는 쉽게 알아 보았다.

미국에 있는 누이에게 사진을 보내 확인을 부탁하였더니 누이는

1931년 9월경 서문교회 성전의 모습. 종탑과 은행나무 암수 한쌍 (현재 봉명동 성전 앞에 있음)

〈1931년 9월 청주교회 성도들과 여메리〉

여메리 뒤편 왼쪽에 서있는 동생 여대용 할아버지까지 알아 보았다고 한다. 할아버지가 여메리 전도사 시무하는 조치원 교회에 교회 봉헌 축하 차 왔다가 같이 기념 촬영을 한 것이다.

그러니까 한 장은 1907년 사진이고 이번 사진은 1931년이니 24년이란 세월이 흘렀지만 모습은 변하지 않았다. 귀한 사진을 이번 서문교회 방문으로 찾게 되었고 이런 자료를 주신 박대훈 목사님께 무한 감사의 말씀을 다시 한번 드린다.

청주교회에서 2년 정도 사역하다가 여메리는 건강상 휴직을 하고 요양하러 조치원으로 간다.

이달의 성결인 여메리

성결교단에서 매달 발행하는 '활천'지는 2000년 2월호에서 여메리를 이달의 성결인으로 선정하고 여메리의 일생에 관한 기사를 실었다. 월간 '선한 이웃'의 발행인이며 한길교회를 담임하시는 김성현 목사님의 글이 여메리 전도사의 일생을 요약해 주고 있다.

이 기사에 여메리의 전반기 삶과 후반기 섬김의 삶에 대한 간단한 이야기가 소개되어 있다. 글을 써 주신 목사님께 감사를 드리며 이 글을 읽은 필자는 여메리에 대한 더 많은 이야기를 출간하여 빨리 전하고 싶은 생각을 갖게 되었다.

이제는 교파를 초월하여 여메리에 대해 기억되어야 할 이야기들이 많이 소개되었으면 한다. 이런 면에서 필자는 교회 이름도 ○○○장로교회, ○○○감리교회, ○○○성결교회 하는 식보다는 그냥 ○○○교회라고 표기하는 것이 더 바람직하다고 본다. 그리고 필요 시 교단 표시는 교회명 앞에 조그마하게 붙이면 될 것이다.

몇 년 전부터 영국에서는 성공회와 감리교가 서로 합해야 된다는 운동이 일어나고 있다. 성공회나 감리교 모두가 영국에서 탄생한 개신교인데 300년 가까이 지난 지금에 와서야 통합 이야기가 나온 것이다. 늦은 감이 있지만 그래도 늦은 것은 아니다.

한가지 더 이야기 하고 싶은 것은 자료 정리할 때 어느 교단 출신이다 하는 것을 꼭 명기할 필요가 없다고 본다. 성도가 어느 교단에 속하느냐 하는 결정을 하는 것이 아니라 교회 출석하다 보니까 자기도 모르게 어느 교단에 속하게 되었지만 사실 성도들은 교단에 크게 관심이 없다고 본다.

이런 생각은 여메리 자료를 찾다가 더욱 실감하고 있다. 여메리의 사역이 감리교로 시작해서 성결교로 마감하였는데 이러한 사역이 전부 기록되어 있는 자료가 많지 않음을 발견한 것이다. 이런 점이 역사를 연구하는 분들을 어렵게 하고 있다고 본다.

여메리 이야기가 이제는 교단을 초월하여 하나로 뭉쳐져야 한다. 필자가 이 이야기에서 교단 표기를 가급적 피하고 있는 이유도 여기에 있다.

조치원교회

순교 성지 조치원교회는 부강교회에서 개척한 교회인데, 후에 조치원교회가 커지자 한때는 부강교회가 조치원교회의 지교회가 되기도 하였다.

2015년 5월 17일에 조치원교회 창립 90주년 예배를 드린다고 해서 아내와 같이 참석하였다. 이날은 특히 고 김동훈전도사(1899-1928)의 유가족 일동을 초청하여 간증과 더불어 순교 기념예배도 같이 드리는 특별한 주일이었다.

경복기독인 총동문회에서 후원하고 있는 '경복고 재학생 멘토 프로그램'의 시작을 주도하신 김창호 장로님은 김동훈 전도사의 외손자가 된다. 평소에 필자를 비롯한 많은 후배들이 존경하고 있는, 신앙의 모범을 보이시는 선배이다.

김동훈 전도사는 1928년 조치원교회 제2대 교역자로 부임했는데 그 해 10월 16에 순교 당하고 말았다. 순교 당시 딸 하나와 유복녀를 둔 결혼 초기였다.

일찍 남편을 잃은 아내는 그 후 남편의 뒤를 이어 전도부인이 되어 평안도 지역에서 열심히 사역하여 많은 구원자를 얻었다. 첫째 딸의 아들이 김창호 장로님이다.

순교자 김동훈 전도사

여메리와 경성성서학원 동기인 김동훈 전도사는 경주교회 사역을 마치고 지방순회 전도사로 사역하다가 1928년 3월 10일에 조치원교회에 부임하였는데, 어느 날 수요일 저녁에 한 여인이 교회까지 쫓아오며 김동훈 전도사를 세상적으로 유혹한 것이다.

김전도사의 단호한 물리침에 자신의 부정이 탄로날 것을 두려워한 이 여인은 성폭행 당할 뻔 했다고 남편에게 거짓으로 말했다. 이에 흥분한 남편이 동네 불량배를 동원하여 김전도사를 집단 폭행하여 죽음에까지 이르게 한 것이다.

김동훈 전도사는 보디발의 아내에게 겉옷이 벗겨져 달아나다가 억울하게 고초를 겪은 요셉 이야기처럼, 그 속된 유혹을 뿌리치다가 폭행에 의해 순교 당한 것이다.

김동훈 순교자의 성결 순교 유형은 오늘날

〈김동훈 순절기〉

우리에게 보다 더 요청되는 산 순교의 모범이라고 불린다. 원수를 네 몸과 같이 사랑하라는 말씀에 따라 고소하는 등 원수를 갚지 않고 자기 목숨을 내어 놓은 김동훈 전도사는 말씀의 삶을 산 순교자이다.

'김동훈 순절기'라는 작은 책자는 1928년 이명직 목사 저서이며, 조치원 교회에서는 김동훈 순교자의 흉상을 2015년 7월 교회 앞 마당에 설치하고 또 김동훈 홀을 마련하는 등 순교지 교회로서의 모습을 갖추어 가고 있다.

여메리와 조치원교회

청주교회를 휴직한 여메리는 조치원에서 휴양 중 이었지만, 가만 있지 못하고 후배 김정호 전도사가 1932년 4월에 부임한 조치원교회를 아픈 몸을 무릅쓰고 도와주었다. 이래서인지 어떤 기록에는 조치원교회 전도사 사역이 여메리의 마지막 사역이라고 되어 있는 자료도 있다.

여메리는 자기가 개척한 부강교회와 인연이 많을 뿐 아니라 자기와도 깊은 사연이 있는 조치원교회를 힘껏 도왔을 것이다. 더욱이 조치원교회는 1923년부터 부강교회에 부임한 주정국 전도사가 조치원교회 설립에 중추적인 역할은 하여 1925년에 개척된 교회다.

그리고 순교자 김동훈 전도사는 나이 차이는 있지만 여메리와 같은 성서학원에서 수학한 동기 동창이며, 같이 부강교회에서 일주일간 부흥회를 갖기도 한 사이이다. 조치원에서 보낸 시간은 비록 짧은 기간이었지만 여메리는 전도하고 이웃을 도와주는 동역 전도사로서 이 세상에서의 마지막 사역을 조치원에서 잘 마무리한 것이다.

조치원교회의 성도가 운영하는 사진관에서 사진을 찍다가 여메리는 고요하게 소천하였는데, 그날이 1933년 2월 27일이다.

조치원교회 김정호 전도사의 집례로 가진 천국환송예배에는 평소 그의 도움을 받아오던 수많은 교역자와 교인들이 모여 눈물을 흘렸다고 전해지고 있다.

김정호 목사가 기억하는 여메리

"그분의 성품으로 말하자면 포용성이 있고 원만하여 누구라도 받아들였으며 또한 애국적인 사상을 품고 의롭게 살려고 노력하였다고 할 수 있습니다. 그러면서도 일찍이 개화한 여성으로 행동에는 과단성이 있었으며 서구적인 사상가였고 무엇보다 사랑의 실천에 인색함이 없었습니다.

남편(양홍묵)이 남긴 유산으로 부유한 생활을 누릴 수도 있었으나 그는 자기 재산을 가난한 교역자나 교인들에게 남 모르게 나누어 주는 일에 열심이었고 돌아가실 즈음에는 거의 개인 재산이라곤 찾아볼 수 없는 형편이었습니다.

말 그대로 개인적인 호의호식을 포기하고 하나님과 교회를 위해 모든 것을 희생하신 고결한 주의 종이었습니다."

이상은 김정호 목사가 1992년 '성결교회 인물전'을 편찬할 때 여
메리에 대해서 남긴 글이다. 김정호 목사를 인터뷰한 이덕주 교수
는 김정호 목사의 기억력에 놀랐다고 한다. 90세 나이에도 불구하고
60년 전 행사인 천국환송예배 날짜와 그 당시 집례하던 상황을 생생
하게 기억하면서 이야기 해 주었다는 것이다.

작은 거인 김정호(1903-1997) 목사는 1943년 투옥되어 1945년
8월 17일 총살 당할 명부에 있었는데 해방되는 바람에 살아난 산 순
교자이다.

여메리의 3대 사역

이 땅에 기독교가 들어 오면서 크게 세 분야에 영향을 끼쳤다. 의
료와 교육 그리고 교회 세 가지인데, 이 중의 제일은 교회다. 병원은
육신의 병을 고치는 곳이지만 교회는 영육을 치유하는 곳이다. 교육
은 당시 글을 읽을 줄 모르는 우매한 백성들 특히 여성들의 눈을 뜨
게 하였지만 교회는 영적 눈을 뜨게 하여 창조주 하나님을 알게 하
였다.

병원, 교육, 교회 이 세가지 사역에서 개화기를 넘어 근대로 오면
서 평생을 바쳐서 헌신 하신 분들이 역사적으로 각 분야에 많이 있

다. 그러나 이 세가지 분야를 망라하여 모든 분야에서 괄목할 만한 활약을 한 선구자는 손 꼽을 정도이고 그 중에 으뜸은 당연 여메리라고 하여도 과언이 아닐 것이다.

여메리의 활약상은 이 책에 기록되지 않은 이야기들이 많이 남아 있다. 그러나 오직 이 정도만 기록하여도 여메리가 어떤 인물이었구나 하는 그림을 그려 볼 수 있다. 그리고 여메리의 사역에 대한 주변 인물들의 평이나 훗날 기억되는 모습이 우리에게 시사하는 바가 크다고 본다.

이렇게 해서 자격증 없이 간호원 사역을 담당하였고, 전도에 남달리 열정이었던 개화기 여성교육의 선구자, 하나님을 기쁘시게 하며 일생을 보낸 여메리의 사역 이야기는 끝나지만 여메리의 오메가 이야기가 계속해서 이어진다.

제5부

여메리의 오메가

·

Ω

·

연극 무대 위의 여메리 / 믿음의 선진들 /
믿음의 후손들 / 마지막 기도

여메리가 이 세상을 떠난 지도 벌써 80년이 넘었다. 여메리 자료를 찾던 중 정말 귀한 자료를 만났다. 초창기 여메리 이야기가 일부 연극으로 재현된 것이다. 그리고 인터넷에 당시의 극본이 그대로 남아 있다. 참으로 가슴 벅찬 순간이었다.

연극 무대 위의 여메리

1997년 10월 26일 감리교회 여선교회 100주년 기념예배가 광림교회에서 3천명의 회원이 모인 가운데 드려졌는데, 이 대회를 더욱 의미 있게 만든 것은 100년전 여선교회가 창립할 당시의 장면을 연극으로 보여준 것이다.

물론 연극의 주인공은 여메리였다. 여메리가 메리 스크랜턴 대부인의 집에 양녀로 들어가는 장면에는 어린 학생 모습의 여메리를 등장시켰으며, 후에 성인이 된 여메리의 주도로 토론회를 통하여 선교회가 탄생하는 과정을 연극화한 것이다. 여선교회 탄생 역사가 재현

되고 여메리를 부활시킨 장면이었다.

여선교회 창립 당시의 장면을 실감 있
게 재현하고자 토론회 출연진도 당시 모
였던 인원과 동일하게 28명이 등장하도
록 이 극본을 쓰신 분은 기독교 동화작
가와 시인으로 유명한 신방주교회의 성
경자 장로로 당시 여선교회 서울연회 총
무를 맡고 있었다.

본 연극의 호응이 대단하여 각 지방 여

〈여메리 연극 장면〉

선교회에서도 똑 같은 연극을 하겠다고 하여 성경자 장로는 신이 나
서 코치하였다고 한다. 뿐만 아니라 미국에 있는 연합회에서도 주일
공과책에 이러한 내용을 넣겠다고 하여 아이들 눈 높이에 맞게 수정
하여 극본을 보냈다고 한다.

본 극본을 쓰신 성장로님과 점심을 같이 하면서 재미있는 이야기
를 많이 나누었다. 한국교회여성연합회 회장을 역임하시기도 하고
이제는 은퇴장로가 되신 성장로님은 퇴계원에서 부군 강성기 장로
와 같이 사시는데, 극본을 쓸 당시 필자를 만났으면 더욱 좋았을 것
이라 하시면서 매우 아쉬워하셨다. 뿐만 아니라 연극한 비디오가 남
아 있지 않음을 더 서운해하셨다.

앞으로도 여메리 이야기가 또 다른 연극과 영화로도 제작되어 많
은 사람들에게 우리나라 개화기 여성교육가로, 교역자로 길이 기억

되기를 바라는 마음 간절하다. 필자는 광림교회 장사도 장로께 당시 광림교회에서 행한 연극을 녹화한 필름을 혹시 찾을 수 있는지 한 번 알아봐 달라는 부탁을 하였다.

장사도 장로는 삼성그룹 IT부서에 오래 근무하면서 필자와 친분을 쌓아온 관계이다. 장장로는 필자가 애정을 갖고 참여하고 있는 크리스천 IT CEO 모임인 솔리데오의 회장직도 역임하면서 회원을 배가시키고 뉴스레터를 발간하는 등 모임의 발전을 위하여 많은 공헌을 하였다. 늦은 나이에 신학을 하시고 아들까지 신학 공부를 시키면서 성실한 주의 일꾼으로 살려고 노력하는 신실한 장로이시다.

배역 맡은 임원진

여메리 연극을 구상하게 된 동기는 회의하는 방법 등을 익히는 여성 지도자 교육용이었다고 한다. 감리교 100년의 발자취를 알고자 이덕주 교수를 강사로 임원수련회를 개최하였는데 여기서 주를 위하여 생애를 아름답게 마무리 하신 훌륭한 믿음의 선배가 있다는 것을 알았다는 것이다.

성인 여메리역은 혜성교회의 박근혜 권사가 맡았다고 한다. 당시 여선교회연합회 문화부장이었는데 합창단원으로 노래도 잘하고 얼굴모습도 진명여학교 개교 1주년 기념 사진에

〈성경자 장로〉

나오는 여메리와 인상이 비슷하여 발탁이 되었다고 한다. 의상도 검정 치마에 흰 블라우스를 입었다.

나레이션 대목이 처음에는 좀 길게 나오면서 배경으로 당시의 상황들을 화상 처리하려고 하였는데 예산 관계상 처음 구상대로는 하지 못하고, 따라서 나레이션도 많이 줄이느라고 애를 먹었다고 성장로님은 회상 한다.

출연진 모두가 의상이나 분장은 물론 대사까지 너무 진지하게 역할을 담당하여 극본보다 더 실감 있게 열심히 연기하여서 매우 감동적이었고, 마지막 피날래 장면에서 역대 회장들을 모두 등단시켜 화합된 모습을 보인 것도 큰 성과 중의 하나였다고 한다.

'여메리 기도' 열풍

여전도회 창설할 때 드렸던 여메리의 즉흥적 기도가 너무 좋아서 연극 후에 여선교회 회원들 사이에 '여메리 기도'가 열풍을 몰고 왔다고 한다. 모여서 회의 시작할 때나 마칠 때 그리고 제주도에서 임원 수련회를 가질 때도 '여메리 기도'를 드렸다고 한다. 특히 수첩에도 기도문을 인쇄하여 언제라도 참고할 수 있도록 하여 한동안 회원 모두가 '여메리 기도문'을 즉흥적 기도이었지만 응답 받은 모범적 기도로 애용했다고 한다.

기도문 마지막에 나오는 '예수씨 일홈으로…'라는 대목에서는 모두 한바탕 웃기를 몇 번이고 하였다고 한다. 예수님을 당시에는 예수씨라는 존칭으로 불렀고, 이름이란 용어가 일홈으로 쓰이던 당시라 현대인들에게는 듣기만 하여도 웃음이 절로 나오는 대목이어서 지금 읽어도 웃음을 참을 수 없다.

여메리 상

감리교 여선교회전국연합회에서 매년 회원 중에서 제일 공로가 큰 분에게 여메리 상을 수여한 적이 있었는데 몇 번 시상하다가 지금은 지속되지 못하고 있어서 안타깝다고 성장로님은 전해 준다.

인천교회의 김혜숙 장로님이 '여메리 상'의 제1회 수상자였다고 한다. 김혜숙 장로는 제주도에 건립된 기독교대한감리회 여선교회 100주년기념 연수원 부지 1,200평 정도를 기증(1997년)하셨을 뿐 아니라 여러 모임에서 자발적으로 경제적인 도움을 많이 주신 분으로 소문이 나있다.

여메리를 알지 못하는 새로운 임원진들이 역사적인 상을 없애버린 것인데, 다시 한번 '여메리 상'을 계속해서 시상하는 계기가 생기기를 바란다는 것이 큰 욕심은 아닐 것이다.

여메리 동화책

부친 성낙준 목사님의 영향으로 어렸을 적부터 독후감을 길게 써 오던 습관이 오늘날의 문학가가 되었다고 말하면서 성장로님은 동화책 '기도하는 길가의 들풀'과 시집 '하늘 정원'을 주신다. 필자도 준비해간 '익투스 153' 책을 사인하여 드렸다.

그리고 앞으로 여메리 책이 출간되면 참고하시고 여메리 동화책을 한 권 저술해 달라고 부탁을 드렸더니 흔쾌히 그러시겠다고 약속하신다. 이야기도 교훈적이고 즐거워야 하지만 그림도 예쁘게 삽입하여 멋진 동화책이 나오기를 고대해 본다. 특히 여메리의 전도 이야기가 많이 알려졌으면 한다.

위대한 위인들의 이야기를 읽어 보아도 그들의 신앙이 어떠했느냐 하는 이야기는 잘 나오지 않는다. 예를 들어 보면 뉴턴(1642-1727)이 낮잠을 자다가 이마에 떨어진 사과를 보고 만유인력을 발견한 것이 아니라, 뉴턴이 창 밖을 보면서 창조주 하나님께서 만드신 자연을 감상하면서 묵상하는 중에 밭의 사과가 떨어지는 것을 보고 물체가 서로 끌어 당기는 힘이 작용한다는 만유인력 법칙을 발견했다는 이야기는 잘 전해지지 않고 있다.

팡세로 유명한 파스칼의 신앙 이야기도 잘 알려지지 않고 있다. 책은 읽어보지 않고 팡세를 파스칼이 썼다는 암기위주의 교육 탓이다. 수학자이며 철학자인 파스칼(1623-1662)이 계산기를 처음 만들었다는 이야기는 일부 알고 있지만, 하나님을 열정적으로 추구하다가 제2의 회심을 하였다는 이야기는 잘 모른다.

파스칼은 1654년 11월 23일에 성령의 불을 체험하고 나서 '불'이란 제목의 비망록을 그 즉시 기록했다. 신비적인 경험을 기록한 양피지가 그가 죽을 때 입고 있던 외투에 꿰매져 있었다는 이야기는 얼마나 소중한 신앙 간증인가. 뿐만 아니다. 이런 체험 후 그의 삶은 가난한자들에게 그가 가진 것을 나누어주는 삶으로 바뀐 것이다.

헨델의 메시아

또 한가지 예를 들면, 유명한 곡 메시아를 음악의 어머니 헨델 (1685-1759)이 작곡하였다는 것은 누구나가 알고 있다. 그러나 헨델의 메시아를 연주한 연주가들이 모두 열심히 구제 활동을 하였다는 이야기나, 헨델이 그 곡의 판권을 런던 파운들링병원에 기증하여 모든 수익을 병원에서 혜택을 보도록 하였다는 이야기는 잘 전해지지 않고 있다.

1742년 메시아 초연을 자선공연으로 진행하였는데 그 날 수익금으로 142명이 개인적으로 진 빚을 갚을 수 있었다고 한다. 헨델은 30회 이상 자선으로 메시아를 지휘하였는데, 죽을 때에 가난한 작곡가들을 위한 기금도 희사하였다.

헨델의 메시아 곡이 굶주린 자들을 먹였으며, 헐벗은 자들을 입혔으며, 고아들을 양육하였다. 메시아의 음악과 메시지는 수 많은 사람들에게 하나님께서 우리 주위에 역사하시고 계시다는 사실을 알렸던 것이다.

금년에도 내년에도 매년 헨델의 메시아는 울려 퍼질 것이다. 메시아 곡이 들려지는 곳마다 사랑과 구제의 손길도 같이 펼쳐지는 그런 세상이 되어가길 바란다. 또한, 후대들에게 위대한 신앙인들의 이야기가 많이 전달되도록 IT기기들이 잘 활용되었으면 한다. 여메리의 이야기가 동화로, 만화로 또 핸드폰 속으로 뿌리 내려지기를 기대해 본다.

메리 홀

정동교회 사회교육관 지하1층에 아펜젤러홀과 더불어 메리홀 (Mary Hall)이 있다는 이야기를 듣고 여메리 홀을 보려고 기대를 듬뿍 안고 정동교회를 방문하였다. 1990년 정동교회 창립 100주년을 기념하여 봉헌된 5층 건물이지만 지하2층까지 있고 역사자료실과 만나홀을 비롯하여 은명홀, 윤노덕홀, 해리홀 등이 안내되어 있다.

메례홀은 경노당과 같이 사용하는 작은 방이었다. 조심스럽게 문을 여니 아무도 없다. 아직은 모일 시간이 아닌가 보다. 그런데 안쪽 벽에 붙어 있는 동판에는 '최메례 장로를 기리며'라고 쓰여져 있다. 여메리가 아닌 최메례(1890-1964) 장로를 그냥 메례라고 이름만

〈정동교회 메례홀〉

부르고 있는 것이다.

최메례는 1956년에 장로가 되었는데, 새벽기도에 남달리 열심이셨고 끼니 걱정을 하는 집에 쌀자루를 보낼 때에도 그 속에 고깃덩어리나 돈까지 넣어서 보냈다고 한다. 후손 4대째 정동교회를 섬기고 있다.

최메례 외에도 메리 이름을 가진 유명 인사가 또 있다. 바로 절제운동으로 유명한 손메례(1885-1963)다. 1924년 8월에 조선여자기독교절제회를 창설하고 절제운동을 민족운동으로 승화시킨 것이다. 전국을 순회하며 전도와 함께 절제운동을 펼쳤다.

다음은 기독신보 1930년 4월 30일자에 손메례가 '조선의 금주운동'이란 제목으로 기고한 글이다.

"술은 사실 탄환 없는 대포와 같은데 도리어 용기를 준다고 믿게 하였다. 여러 해 연구한 결과 그 비밀을 알았다. 그러니 우리는 금주하고 금주운동을 철저히 하여 조선을 살리자. 조선의 금주운동은 모든 운동 중에 가장 큰 운동이다. 육을 살리고 영을 살리는 운동이며 죽어가는 조선을 살리는 운동이다. 여러분은 때때로 왜 이 금주운동을 내쳐 버리는가?"

이씨 집안에서 태어난 이정규는 1906년 상동교회에서 세례를 받고 남편의 성을 따라 손메례라고 부르게 되었다. 상동교회 교인 여메리가 설립한 진명여학교에 입학하였으며 상동교회 안에서 출발한 감리교여학당(감리교여자신학교 전신)을 제1회로 졸업하였다. 그 후 정명여자중학교를 세웠는데 이학교가 서울예술고등학교의 모체가 되고 손메례는 명예 교장이 되었다.

여메리에 대한 자료를 찾다가 성결교회 인물전에서 이메례(1910-1981)를 알게 되었다. 그리고 보니 최메례, 손메례, 이메례 외에도 메리라는 세례명을 받고 하나님 나라를 위해 평생 동안 열심히 전도한 사람들이 더 많이 있을 것으로 본다.

이메례는 어머니 최애주 전도사와 같이 신의주 동부교회에서 시무하면서 '심방 잘하는 전도 부인'으로 유명하였다. 어머니 전도사는 가까운 곳을, 그리고 이전도사는 먼 곳을 맡아 심방하였다. 해방후 최전도사는 교회를 지키겠다며 신의주에 남아 있으면서 딸만을 남한으로 보냈다.

이메례는 40여년 동안을 전도사로 시무하다가 1975년 성결교 최초의 원로 전도사로 추대되었다.

신앙의 선진들

여메리 가족의 신앙이야기는 필자 가족 이야기이기 때문에 조상들의 존칭문제를 고려하여 가족사 이야기로 펼쳐 나간다.

우리 가족 신앙의 선대가 되는 할머니의 부친부터 소개를 시작한다. 할머니는 1895년 강재근(康在根)과 조성녀(趙成女) 사이에 태어

낳다. 부친은 개화기 때 물밀듯이 들어오는 서양 물건을 한국에서 취급하는 미국 사업가에 의해 일찍이 기독교를 받아들인 믿음의 1세대이다.

석제(石齊) 강재근(1859-1948) 외증조부는 붓으로 신천 강씨(信川 康氏) 족보를 손수 써 놓으셨다. 딸 이름은 기록이 없지만 사위 여대용에 대해서는 '인조대왕 때 삭주부사의 11대손, 정조 때 제주목사의 5세손'으로 벼슬을 한 여씨 조상이 같이 기록되어 있다. 필자 가족이 삭주공파이다.

사위가 여씨 성을 가져서 어떤 집안인가 하여 족보를 살펴 보셨나 보다. 전주이씨 효령대군 후손이신 필자의 장인도 사위가 될 필자의 여씨에 대해 알아 보기 위해서 남산 도서관에서 여씨 족보를 보셨다고 말씀하신 기억이 난다.

한학을 하셔서 책을 보며 한약도 잘 지으셨다고 하며 여러 가지 재미있는 이야기들을 엮은 작은 책자 서너 권도 족보와 같이 옛날 고리짝에 잘 보관되어 가보로 전해 내려오고 있다. 당시에 90세 나이까지도 정정하게 활동하셨다고 손녀(강의자)는 기억 한다.

강재근 외증조부의 둘째 아들 강요한 할아버지는 1남 3녀를 두었는데 일찍이 모두 미국 LA(강자영 권사)로, 뉴욕(강양이 장로, 김명중 권사)으로, 덴버(강덕자 권사, 유기종 장로)로 이

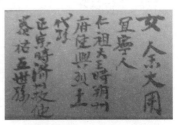

〈강씨 족보의 사위 여대용〉

민 가고 막내 딸만 현재 과천에서 살고 있다.

유기종 장로 아저씨는 필자를 촌수로는 조카지만 동생처럼 아껴주셨다. 필자가 덴버에 갔었을 때도 바쁜 일정 가운데 시간을 내어 록키산맥을 같이 둘러 보며 노천 온천도 시켜 주셨다.

필자의 5촌 고모 되는 강의자는 2남1녀(유인선, 진호, 선호)를 두었는데 지금은 손주 4명의 할머니로서 고모부(유희철)와 함께 과천교회를 섬기는 권사이다. 강의자 고모는 어렸을 적에 할아버지와 함께 온 가족이 아현성결교회를 출석하고 아현교회 앞에서 찍은 사진을 본적도 기억하고 있지만 그 당시 사진이 집에 남아있지 않음을 매우 안타까워 하고 있다.

〈강요한의 막내딸 가족과 둘째 딸 부부〉

할머니가 기억하는 여메리

할머니는 결혼식을 앞두고 서양식 드레스에다 처음 입어 보는 속옷과 구두까지 신고 신부 입장 연습을 하던 과정과 피로연 장면을 잊지 못해 두고 두고 손주들에게 대청 마루를 걸어가는 실현을 해 가시며 이야기하곤 하였다.

여메리는 결혼식 전에 신부 집에 부엌일을 도와주는 찬모를 보내어 드레스 안에 브래지어까지 착용한 후 스타킹에다 슬리퍼식 구두를 신기고 마루에서 걷는 연습을 시켰다.

신랑 신부가 쌍두 마차를 타고 집안까지 들어가서 시작한 피로연은 효자동 99칸집에서 열렸는데 한 줄은 보성전문 학생과 교수들 그리고 맞은 편 다른 한 줄은 진명여학교 학생들과 교사들이 앉아서 축하하였다고 한다.

할머니는 나이 차이 때문에 시누이인 여메리를 시어머니처럼 대했다. 그러나 여메리는 올케에게 서양 요리하는 법도 잘 가르쳐 줄 정도로 자상하였는데 특히 후식에 먹는 여러 가지 과자 만드는 법을 가르쳐 주어서 식사 때마다 맛있는 후식을 즐겼다고 하셨다.

할머니는 6.25 피난 때 피난길에서도 밀가루 반죽을 하여 빵도 만들고, 과자도 만들어 손주들에게 먹게 하면서 여메리한테 배운 것을 자랑스럽게 여겼다.

하루는 할머니가 설거지통에서 사기그릇 씻으며 커피잔을 손가락으로 돌리다가 그릇끼리 부딪치며 깨뜨리고 말았다. 그 소리를 듣고 달려 온 여메리는 '그릇은 깨져야 또 사지' 하셨다. 그 당시 커피잔은 매우 귀하고 가격도 꽤 나가는 것인데도 불구하고 야단을 치기는커녕 할머니를 안심시켜주었다. 이렇듯 다른 사람을 많이 배려 한 여메리의 고마운 마음씨를 할머니는 늘 잊지 않고 이야기 하셨다.

여메리가 평양진명여학교장을 겸임하였으나 서울의 진명여학교 부교장이 더 권위가 있어서였는지 할머니는 여메리를 항상 부교장으로 칭하였다. 손주들이 총교사라고 말했지만 그래도 부교장이란 타이틀이 더 익숙하셨던 모양이다.

필자가 중학교 다닐 때다. 여메리 이야기를 즐겨 하시는 할머니 앞으로 다가가면서 '할머니 여몌례…" 하면 할머니는 필자를 사랑스럽게 툭 치시면서 '여메리, 메리야. 몌례가 아니고 메리' 하시면서 몇 번 들었던 이야기지만 아주 재미있게 또 다시 이야기해 주신다. 이렇게 필자 집안에서는 누구나 '여메리'라고 부르고 있다.

할머니의 해어진 성경책

찬송가에 '나의 사랑하는 책'(199장) 이란 찬송이 있다. 첫 줄 가사가 '나의 사랑하는 책 비록 해어졌으나'로 시작하는데 인터넷에 '헤어졌으나'로 되어 있는 가사가 가끔 있다. 성경책이 오래되어 해졌다는 뜻인데, 이것을 성경책과 헤어졌다든지 아니면 어머니가 오래 전에 돌아가신 이야기라고 알고 있는 사람들도 꽤 많이 있다.

필자의 집에 정말 낡고 해어져서 귀퉁이가 일부 닳아 없어진 성경책이 있다. 바로 할머니가 보시던 성경이다.

한학자셨던 부친으로부터 여러 가지 재미있는 이야기들을 많이 들으면서 자란 할머니는 손주들에게도 우리나라 고전 이야기를 가끔 들려 주면서 상급학교도 제대로 못나왔지만 그래도 옛날 이야기를 많이 알고 성경도 읽을 줄 안다고 하면서 시간만 나면 성경책에 빨간 색연필로 줄을 그어 가시며 성경 통독을 몇 번씩 즐겨 하셨다.

할머니가 보시던 성경은 1952년 개역한글판으로 구약전서에는 히브리어, 신약전서에는 헬라어라고 신구약 성경책 첫 장에 원문이 쓰여진 언어를 기록하고 있다.

〈할머니가 줄 치면서 읽으신 성경〉

장로 할아버지

필자가 결혼할 때 장모는 사위가 장로 손주라는 점에 점수를 무척 많이 주셨다. 믿음이 3대면 다른 것 따질 것도 없다고 하면서 적극 나서서 실질적인 중매 아닌 촉매 역할을 담당하셨다.

경복 동문 후배 이희열 장로 부인도 사위 고르는데 딱 한가지 조건만 내세운 권사이다. 할아버지도 장로, 아버지도 장로여야 한다고 강력하게 주장하는 바람에 주위에서 중매하는

〈여대용 장로, 할머니와 삼촌〉

데 무척 힘들었지만 결국 좋은 사위를 얻었다.

할아버지는 1949년 5월에 아현성결교회 장로로 장립되셨다. 해방 전에는 신의주에 꽤 큰 해산물 상점을 운영하면서 고향 마산에서 건어물을 가져다가 판매하는 사업을 하셨다. 그러다가 1.4후퇴 때 고향인 마산으로 내려가셔서 오동동교회(지금 창원교회)를 섬기셨다.

당시 한국의 무디라 부를 정도로 한국의 방방곡곡은 물론 만주와 일본에까지 가서 복음을 전파한 부흥강사 이성봉 목사를 매우 존경하셔서, 경남 지방에 이성봉 목사 부흥회가 열리면 쫓아 가고 또한 집에도 모셔서 숙식을 제공하면서 성경 이야기를 나누시곤 하시던 모습이 마산에 같이 살던 사촌들이 지금도 기억하는 할아버지의 신앙이다.

할아버지의 마지막 설교

1956년 마산 오동동교회에서 새벽예배를 인도 하시던 할아버지는 강대상에서 말씀 전하시다가 소천 하셨다. 길선주 목사(1869-1935)가 부흥회 때 새벽기도회 인도하다가 소천하신 것처럼 할아버지도 그렇게 하나님의 부르심을 받았다. 할머니가 남겨 주신 성경책 안에 그날 말씀 전하시면서 준비하셨던 설교 노트가 한 장 끼워져 있다. 할머니는 이 설교 노트를 12년 동안 성경책에 끼워 놓으셨는데, 할아버지가 요한복음 18장 1-9절의 말씀을 가지고 '내로라'(개역 개정에는 '내가 그니라')라는 제목으로 설교하신 서론 부분이다.

이 말씀은 우리 가족에게 주어진 말씀으로 받고 할머니도 손주들과 같이 가정예배를 드리면서 가끔 이야기 하셨던 말씀이다.

제목: 내로라

성경 말씀: 요 18:1-9

사람은 누구든지 자기 존재를 높이 나타내고자 합니다. 그러나 그 방법에 따라 훌륭하게 나타내기도 하고 도리어 반대되는 결과를 만들어 내기도 합니다. 예수께서는 항상 자신을 나타내는 일을 피하셨습니다. 무리들이 당신을 크게 높이고자 할 때마다 숨으셨습니다.

그를 따르는 자들 중에서 간혹 좋은 기회라 하여 권하면 도리어 그러한 시도를 말살시켜 버리셨습니다. 그러시던 주님이 본문에서는 몇 번이나 '내로라" 하시면서 나서셨습니다. 비범한 이 한마디의 '내로라'하신 이 말씀과 이 말씀을 하신 그 환경을 한번 고려해 봄이 어떠할까요.

-. 선한 목자 되신 주님은 위험이 절박한 그때 '내로라' 하셨습니다.

호산나 주님의 이름으로 오시는 이는 복이 있도다 하면서 입었던 의복을 벗어 나귀 등에 깔고 풀을 길에…

안타깝게도 설교 노트는 한 장밖에 남아있지 않다. 여기까지 말씀하시고 돌아가셨는지 아니면 좀 더 계속되었는지는 알 수 없다. 그러나 우리는 그 다음에 무얼 말씀하시려고 했는지 잘 안다. 위험이 절박한 그때 '내가 그니라'라고 당당하게 나가셨던 주님은 정말 선한 목자이시다. 양들을 위하여 자기 목숨을 아깝게 생각하지 않는 그런

〈여대용 장로 설교 노트〉

목자장 예수님을 우리는 어떠한 환경에서도 마음 놓고 의지할 수 있는 것이다.

에고 에이미

'내로라'라는 말은 곧 '나는 나다'(헬라어로 에고 에이미)라는 예수님의 자기 선언으로 '나는 생명의 떡이다', '나는 세상의 빛이다', '나는 양의 문이다', '나는 선한 목자다'와 같이 요한복음에 10여 차례 기록되어 있다.

이는 출애굽기에서 모세가 나를 보내는 자가 누구냐고 물으면 무어라고 대답해야 하느냐고 반문했을 때 하나님께서 '나는 나다'라고 하신 말씀과 같은 의미이다.

'나는 스스로 있는 자니라(I AM THAT I AM)'라고 말씀하신 '스스로 존재하시는 분(I AM: 히브리어로 에흐예)'이라는 말에서 유래한 이름이 여호와이다. 여호와는 하나님께서 친히 스스로 계시하신 이름으로(출 3:14), 하나님께서 언약을 세우시고 그 언약을 이루어 가시는 구원의 하나님이심을 강조하는 명칭이다.

구속주 하나님께서 언약을 반드시 성취해 내시기 위해서 자존성과 영원성과 절대성을 나타내는 자기 계시인 '내로라(I AM)'라는 말로서 지상 사역의 마지막 장면에 자신을 확연히 드러내신 것이다.

여호와 또는 야훼라고 번역하여 우리가 쓰고 있는 원래 히브리어 단어는 하나님의 이름을 망령되게 부르지 말라는 계명에 따라 유대인들이 읽지 않고 그냥 넘어가든지 '그 이름' 또는 '넉자 단어'라고 하였기 때문에 지금은 유대인 조차 읽는 방법을 모르는 단어가 되었다.

영어 성경에는 LORD라고 번역되기 시작했고 우리말 성경도 '주'라고 번역하여 점차 여호와나 야훼라는 단어도 성경에서 사용하지 않게 되어가는 추세이다.

이상 장로 할아버지의 설교에다 장로 손주가 60년 후에 감히 사족을 달아 보았다.

이름 이야기

할어버지는 장로님답게 손자 3형제의 이름을 인규, 의규, 신규라

지으셨다. 규자는 족보상 돌림자이다. 인(仁), 의(義), 신(信) 이야말로 구약 미가서 6장 8절 말씀처럼 하나님께서 우리에게 구하시는 것 아닌가.

이름에 얽힌 이야기 하나를 소개하고 싶다. 필자의 명함을 받으신 조치원 교회 최명덕 목사님께서 이름이 아주 좋다고 하신다. 그 이유인 즉 인(仁)자가 히브리어로 헤세드인데 이는 하나님의 은총, 사랑 등 하나님의 변함 없는 사랑을 표현하는 가장 포괄적인 용어라고 하시면서 또 그 중에 으뜸 되는 갑(甲)이니 얼마나 좋은 이름이냐고 풀이하시는 것이었다.

할아버지가 택하신 인(仁)자에다가 부친은 인갑, 인곤, 인국으로 삼형제 이름을 지으셨다. 헤세드가 임하는 땅(坤), 헤세드의 나라(國), 그러면서도 세 이름을 가나다 순서로 적었을 때 장남, 차남, 삼남의 순서가 바뀌지 않도록 배려한 이름이라고 부친은 강조하셨다.

자녀 신앙교육이 제일 중요

작년에 칠순을 맞이한 필자를 위하여 마련한 가족모임에서 필자는 할아버지께서 하신 말씀을 가족들에게 그대로 전하는 것으로 인사말을 대신하였다.

필자가 초등학교 3학년 여름방학 때 부친을 따라 마산에 계신 할아버지 댁에 며칠 간 적이 있었다. 매일 저녁 자기 전에 가정 예배를 드렸는데 그 때 할아버지께서 부친에게 자녀들 신앙교육 잘 시켜야 한다고 거듭 강조하셨던 장면을 필자는 아직까지 생생히 기억하고 있다.

할아버지께서 그 때 하셨던 그

〈여메리 믿음의 후손들〉

말씀을 필자도 그날 손주들에게 이야기 한 것이다. 우리 손주들이 나중에 칠순 모임을 할 때 각자 자기 손주들에게 '자녀들 신앙 교육 잘 시켜야 한다'는 할아버지의 할아버지가 말씀하신 내용을 꼭 전해야 된다고 신신 당부한 것이다. 이렇게 보니 할아버지로부터 7대손까지 신앙교육의 중요성이 그대로 전달되어 가는 우리 가족의 가장 위대한 보물인 신앙의 유산이라 할 수 있다.

신학생 장학금 전차표

할아버지 소천 하신 후에 할머니는 삼촌이 먼저 떠나버린 후 그 동안 같이 돌보고 있던 작은집 손주들을 이끌고 서울로 올라와 종로성결교회(지금 삼성제일교회)를 섬겼다. 종로교회에는 당시에 서울신학교 학생들이 사 오명 출석하였는데 할머니가 대부분의 학생들에게 버스표나 전차표를 장학금 같이 매달 지급하였기 때문에 학생들이 월말만 되면 할머니 집에 들렸다 가곤 하였다.

후에 유명한 부흥 강사로 활약한 강달희 목사도 이 학생 중의 한 명 이었다. 강달희 목사는 할머니와 같은 강씨라고 하면서 할머니를 마치 자기 할머니처럼 친근하게 대했기 때문에 할머니의 사랑을 다른 신학생 보다 두 배는 더 받았다.

서울 할머니 집에서 중학교를 다닌 필자에게도 형 노릇하면서 데리고 다녔다. 아현동에 있던 서울신학교에도 같이 가서 기숙사와 도서관도 구경 시켜주면서 활판 인쇄 때 사용하던 글자 한자 한자 엮어서 필자 이름의 도장을 만들어 주기도 하였다.

한번은 집 근처 중흥교회에서 강달희 목사님 특별부흥회가 열린다고 하여 아내와 함께 저녁 예배에 참석하였다. 7시에 시작한 부흥회는 12시가 넘어서야 끝날 정도로 강달희 목사님은 회중을 사로잡고 놓질 않았다. 도중에 빠져나간 성도도 몇 몇 있었지만 그래도 곧 끝난다는 강사 목사님 말씀에 몇 번이나 일어서려다가 주저 앉곤 하였던 기억이 새롭다.

뜻밖의 만남

류재하 목사님 주선으로 학창시절 교회 전도사였던 왕상원 목사님을 만날 수 있었다. 당시는 왕영천 전도사라 불렸는데 이름을 바꾸셨다. 그 이유를 물은즉 주일학교 강사로 초청을 받아 전국 이곳 저곳을 많이 다녔는데 강사 소개할 때마다 '천국에서 영원히 왕 노릇하실 분'으로 소개를 한다는 것이다.

왕영천이란 이름 석자를 재미있게 풀이한 소개이지만 본인은 무척 부담이 가는 소개였다고 한다. '영원히 왕 노릇하실 분은 예수님 밖에 없는데'라고 생각하면서 이름을 바꿔버렸다는 것이다. 그 동안 옥수수재단 등 비영리단체에서 활동을 많이 하셨는데 이제는 80이 넘었다면서 우리는 그 때 이야기로 빠져들었다.

토요일 마다 주보 인쇄를 담당하셨던 왕 전도사님은 주보 내용을 가리방 미농지에 열심히 긁고 우리들은 옆에서 롤러에다 검정 잉크를 묻혀서 밀다가 손등이나 콧등까지 시커멓게 되었던 시절도 잊을 수 없는 추억이다.

신학교 시절 성가대 지휘를 해달라는 강달희 목사 요청으로 종로교회에 봉사하기 시작하였다면서, 이제는 먼저 떠나버린 강달희 목사 이야기를 한참 계속했다. 신학교 다닐 때 강목사님이 반장을 맡았는데 학생들 이름을 거의 외워서, 야외에서도 출석부 없이 학생들 출결 점검을 한 반장으로 기억된다고 한다.

황씨에게 시집 간 여씨 딸들

서울에서 할머니와 함께 자라난 사촌들 3명은 모두 미국으로 이민을 갔다. 사촌 누이 여영옥을 미국에선 Mrs. Hwang 또는 Julie Hwang 이라 부른다. 남편 성을 따른 것이다. 결혼할 때 할머니는 손주가 여메리와 같이 황씨(황우영 장로)에게 시집 간다고 무척 좋아하셨다.

필자보다 한 살 위로 성악을 전공한 영옥 권사는 아들 상웅(Richard)이와 딸 혜정(Janet)을 두었는데 며느리 경빈이도 미국 이름이 Janet이어서 필자를 혼동시켰다. 지금은 두 손주(Avery, Kendall)의 할머니다. 성가대 지휘를 40년 넘게 아직도 계속하고 있으며 최혁 목사님 시무하시는 '주 안에 교회'에서 여성 성가대 지휘를 비롯한 여러가지 봉사로 무척 바쁘게 지내고 있다. 강달희 목사 사모님과 가족들은 미국에서 자주 만나고 있으면서 강목사님 딸 결혼식에서 축하송도 불렀다고 한다,

막내딸로서 신앙심 좋고 순종 잘하는 동생(여금숙)도 황씨와 발음이 비슷한 홍문선 목사에게 시집갔다. 종로교회에서 학창시절부터 만난 그들은 승일, 승범 두 아들을 두었다. 몇 년 전에 승일이는 갑자기 하늘나라로 갔고, 승범이는 미국에서 변호사 자격을 획득하였음에도 불구하고 중국에 선교사로 나가 있었는데 금년 초에 홍목사 소천 후 중국 선교사 생활을 정리하고 아내 루스(Ruth)와 함께 미국으로 다시 돌아와 크리스천 대학에서 근무하고 있다.

깔끔하고 멋 내기 좋아하던 둘째 여신옥은 변경하와 결혼하여 수진(Robert Horio), 희진(Noel Kim) 두 딸을 두었는데 Brian, Michal, Sophia 세 손주를 남겨놓고 20여년전에 먼저 하늘나라로 가버렸다. 그 동안 많은 변화가 있었지만, 특히 이민 간 세대들은 급

〈미국에 있는 여메리의 후손 가족들〉

속도로 현지화가 되어버린다.

그러고 보니 남달리 효도를 잘했던 필자의 누이 동생(여현옥)도 황씨에게 시집갔다. 상동교회 황호춘 장로님의 아들 황현명과 결혼하여 딸 둘을 낳고 살다가 미국으로 이민 갔는데 큰딸인 약사 은영이는 UCLA 대학원에서 취업알선 센터 소장으로 일하고 있는 한 필규(한용희 장로, 한계옥 권사 아들)와 결혼하여 종현, 종민 두 아들을 낳았다. 파사데나를 졸업한 자동차 디자이너 보영이는 한진 그룹에 다니는 설동환과 결혼하여 유정, 이정 두 딸과 함께 서울에서 살고 있으며 남서울 은혜 교회를 섬기고 있다.

재정집사와 회계집사

필자의 부친(여일제)은 일본대학교 법학과 졸업 후 해방 전에 귀국하여 신의주에서 할아버지 사업을 도와주고 있다가 해방을 맞이하였다. 38선이 막힌 후 먼저 가서 남한 사정을 알아 본다고 하며 간신히 월남하여 식산은행(산업은행 전신)에 입행 하였고 필자는 모친이 이듬해 데리고 남하하여 이산가족 상봉을 한 것이다.

1.4 후퇴 때 대구에 잠시 머물다가 부산까지 피난 갔고 그 후 지방 근무를 하다가 필자가 고등학교 들어갈 무렵 서울로 전근 오셔서 종로성결교회에 온 가족이 함께 다녔다. 종로교회에서 부친은 재정담당 집사로 모친(김순덕)은 여선교회 회계로 봉사하였으나, 그 후 신촌성결교회에 출석하면서 모친은 권사 직분을 받았다.

신촌교회 출석하실 때 부모님은 명일동에 사셨는데 당시 교회에서 가장 먼 곳에서 교회 나오는 열성 부부성도로 교회 신문에 소개되기도 하였다.

부친은 성경을 영어로 읽기 좋아하셨다(할아버지도 영어를 잘하셔서 손주들 영어를 가르쳐 주시길 좋아하셨다). 필자가 물러 받았지만 KJV으로 옛날 고어체 영어이기 때문에 쉽게 읽히지 않아 지금은 장식용으로 꽂혀있다. 부친은 필자에게 꿈과 비전을 심어 주었는데 특히 상급학교 진학 할 때면 목표로 하는 학교의 뺏지를 손수 그려서 책상 위에 붙여 주셨다.

매사에 꼼꼼하고 자상하신 모친은 필자가 읽던 경건 서적을 가끔 들여다 보시고 그 중에서 마음에 와 닿는 문장이나 성경 구절 중 몇 단락씩 노트에 필사하여 한 장씩 주변 사람들에게 나눠주며 좋은 말씀

〈재정집사와 회계집사〉

이니 읽어 보라고 하면서 간접 전도를 많이 하셨다.

부친이 기억하는 여메리

부친이 기억하는 여메리는 구제와 기도의 사람이었다. 남편 양홍묵이 남긴 유산이 제법 많이 있었는데 누가 와서 빌려 달라고 하면 빌려주고, 장사 밑천 대 달고 하면 아무 조건 없이 그냥 대 주고 하였다 한다.

당시에 방물장수라고 하여 머리에 이거나 리어카에 여러 가지 물건들을 잔뜩 싣고 이 동네 저 동네 다니면서 팔던 사람들이 있었는데 이런 장사를 시작하려는 자금을 빌려 달라고 찾아오는 사람들을 여메리는 박대하지 않았다는 것이다. 어떤 사람은 일년 후에 찾아와서 빌린 돈을 갚기도 하였지만 대부분의 사람들이 소식을 전해주지 않아서 여메리는 가끔 동생인 할아버지를 보내어 형편을 알아 보라고 하였다.

몇 몇 군데를 다녀온 할아버지는 많은 사람들이 농사가 잘 안되었다거나, 장마가 들어서 논 밭이 다 잠기어 버리는 바람에 빌린 돈을 갚을 수 없다는 대답을 들었다고 전하였다. 심지어는 어디론가 이사를 가서 찾을 수 없다는 보고도 하였다고 한다.

그래도 이런 보고를 들은 여메리는 그 사람들 다 예수 잘 믿고 잘 살아야 할 텐데 하면서 오히려 그들을 위해 기도해 주었다는 것이다.

가난한 교역자나 교인들에게 남모르게 주고 베푸는 일에도 열심이 었던 여메리에 대한 이야기를 아버지께서 가끔 들려주시곤 하였다.

아현교회 85년사

할아버지가 언제 장로 장립을 받으셨는가를 알아보기 위해 마산 오동동교회 역사를 찾아보니 할아버지 이름이 장로 명단에 없었다. 미국에 사는 누이에게 연락하니까 할아버지는 6.25전에 아현성결교 회에서 장로 장립을 받으셨다는 이야기를 해 준다.

여메리가 경성성서학원에서 10년 정도 교수로 또 여자사감으로 지냈으니 성서학원 바로 옆에 있는 아현성결교회에서 동생인 할아 버지와 할머니도 같이 교회를 섬긴 것이다.

아현교회를 찾기는 실로 50년만이다. 고등학교 시절에 전국학생 회연합회 임원으로 있으면서 아현교회, 중앙교회, 충무로교회, 장충 단교회 그리고 종로교회로 회의나 학생회 행사를 하기 위해 임원이 다니는 교회를 순방하였다.

옛 아현교회는 기념으로 아직 그전 형태대로 남아있고 서울신학교 자리에 신축된 10층의 교회는 아현교회가 그 동안 여러 가지 어려운 가운데에서도 불구하고 건강하게 성장해 왔음을 보여주고 있다.

대부분의 방들은 다 잠겨 있었지만, 2층에 있는 사무실로 들어가 니 반갑게 맞이해 준다. 모든 교역자들이 낮 시간에는 심방이나 전도하러 나가기 때문에 자리에 없다는 이야기다.

아현85년사를 받아 보니 역대 교역자 명단과 사진 다음 페이지에 장로 명단이 나오는데 50년 이전에 장립된 장로는 몇 분 안되었다. 1949년 5월에 장로 장립되신 할아버지 사진은 좀 바랬지만 그래도 그 모습 그대로 이다.

1.4 후퇴 때 온 가족 12명이 서울에서 기차 타고 대구까지 가고 또 대구에서 좁은 방에 잠시 같이 지내다가 헤어지기까지의 기간이 필자로서는 할아버지와 제일 많이 같이 지낸 기간이다.

할아버지는 한창 나이실 때 신의주로, 마산으로 사업차 다니셨기 때문에, 서울에 있는 교회에서의 장로 장립이 좀 늦으셨다. 그런데 아현85년사에 나와 있는 할아버지 성함의 한자가 잘못 기록 되어있지 않은가. 그 동안 한자 성함을 점검해준 사람이 없었으니 틀린 그대로 전해져 내려왔나 보다.

다음 번 발간되는 아현교회 역사에는 올바른 한자로 기록된 할아버지 성함(余大用)이 제대로 적혀지기를 바란다고 말하면서 아현교회 사무실을 나왔다. 얼마 안 있어서 아현교회 양동수 장로님의 연락이 왔다. 곧 아현교회 100년사를 발간하는데 감사하게도 여장로님 성함을 고치겠다고 하신다.

'우리나라 여성교육의 선구자이며 서울신학교 교수겸 여자부 사감을 지낸 여메리(余袂禮)의 동생 여대용 장로는 1.4 후퇴 때 고향인 마산으로 내려가서 오동동교회를 섬겼다. '라고 기억되는 할아버지다.

믿음의 후손들

필자는 남동생이 둘 있는데 여인곤은 독일에서 정치학박사 학위를 받은 후 민족통일연구원에서 정년 퇴임하였고 현재는 부경 대학교 초빙교수이다. 곽영란과 결혼하여 필자와 같이 외동 딸 하나만 두었는데, 한국국제교류재단에 근무하는 선하는 대학 교수인 장호성과 결혼하여 동현, 은혜 두 아이를 낳았다. 10여년 동안의 독일 유학 중에 믿음의 시련을 겪은 경험도 있는 이들 부부는 현재 사랑의 교회에 출석하고 있으며 사위와 딸은 젊은이답게 주빌리교회를 섬기고 있다.

막내 동생 여인국은 행정고시를 거쳐 환경청, 건설교통부에서 근무하다가 용인 부시장을 지냈다. 이 후 민선 과천시장을 3번 역임하고 지금은 외국어대학교에서 강의를 한다. 슬하에 진하, 진호 두 자녀를 두었는데 삼성병원 언어치료사 진하는 SW 전문가 박용진과 결혼하여 딸 소율을 낳았다. 진호는 아직 미혼으로 직장생활을 하고 있지만 영어와 스페인어를 구사하며 태권도 유단자로 해외 봉사활동도 하였다. 이 가족은 모두 과천교회를 섬기는데 동생은 안수집사이고 제수 장경희는 권사이다.

이제 막 자라나기 시작하는 손주들이 70대가 되어서 그 동안 믿음의 후손들이 어떻게 살아왔는지 또 다른 역사를 남기고, 그리고 그 후손들 각자가 믿음의 선진들 이야기를 이어가기 바란다.

마지막으로 필자의 장모 문권사 이야기를 빠뜨릴 수 없다.

믿음의 어머니 문성숙 권사

문성숙 권사는 황해도 해주에서 태어났다. 어렸을 때 부친은 먼저 떠나셨고, 시부모님과 같이 살던 문권사의 모친은 어느 날부턴가 시부모 몰래 교회를 다니게 되었다. 나중에 이를 알게 된 시부모님은 며느리가 교회 다니는 것은 좋지만 자식을 위해서라도 재혼만은 하지 않을 것을 다짐하면서 교회 다니는 것을 허락하였다. 어렸을 때부터 어머니 손을 잡고 교회에 나가기 시작한 문권사는 결혼 한 후에도 열심히 교회를 섬겼다.

동네 사람들 전도하기로 소문난 문권사는 어려운 사람들을 집 문간방에 무료로 기숙하게 하였고 쌀이나 김치 심지어는 고추장 된장까지 여러 교인들에게 퍼다 주었다.

〈문성숙 권사와 함께〉

문권사의 전도로 예수 믿게 되어 후에 목사가 된 분도 십 여명은 넘는다. 이 분들이 대부분 문권사 천국 가셨을 때 조문 오셨기 때문에 아들 없어도 정말 은혜로운 장례식장이었다고 주위 분들이 감동했다. 새벽기도를 다녀와선 잠자는 자녀들 이마에 손을 얹고

172

기도해 주던 어머니를 두 딸은 지금도 잊지 못하고 있다.

필자가 결혼해서도 문권사는 시골 교회가 필요한 물건이 있다고 이야기를 들으면 우리 집에 있는 물건을 지목하면서 새것으로 바꾸면 좋겠다고 넌지시 말씀하신다. 이 말씀은 곧 헌 물건을 지방 교회로 보내겠다는 뜻이었다. 그렇게 해서 우리는 아직 더 사용할 수 있는 물건이지만 시골 교회로 보내고 새것을 다시 들여 놓기도 하였다.

여의도교회가 불광동 천막교회에서 시작할 즈음부터 최자실 목사님과 같이 신앙생활을 계속하던 문권사는 여의도 순복음교회 초기 권사이다. 필자도 사회 초년병 시절 나태해지던 믿음을 문권사님 덕분으로 다시 찾고 여의도 순복음교회에서 집사직분을 받았다.

문성숙 권사는 이종호(한국전력 정년 퇴직)와 사이에 두 딸을 두었는데, 이러한 어머니의 신앙을 본받은 딸들도 권사로 교회에 충성하고 있다. 두 딸 모두 교회 일이라면 무슨 일보다 더 우선시 하면서 발벗고 나서는 믿음의 딸들이다.

맏딸 이송자권사는 회계사 김선호와 결혼하여 김철순(김현정), 미국에 사는 김경순(백세연), 김미순(권혁진)을 두었으며 손주로 김수빈, 동주와 권순영, 순규가 있다. 현재는 아들 가족과 함께 섬기는 위례지구촌교회의 여선교회장이다. 삼성 그룹에 다니는 사위 권혁진도 외할아버지 때부터 믿는 집안에서 태어났다. 자녀들 모두 각기 섬기는 교회에서 찬양사역과 교회학교 교사 등으로 열심히 봉사하고 있다.

아내(이혜경)는 지구촌교회에서 권사 직분을 받았는데 국내외 선교, 문화선교를 섬기며 중보기도 사역에도 힘쓰고 있다. 뿐 만 아니라 날마다 시사성을 가미하여 국가, 교회, 가정을 위한 기도제목을 저녁에 많은 기도 동역자들과 카톡으로 나누고 있다.

리틀엘라인 세주순

필자는 독일에 유학을 다녀 온 바이올린 연주자 근하라는 딸 하나만 두었는데 믿음이 신실한 청년 의사 권혁태를 만나 세아, 주아, 순우(세주순이라 부른다) 세 아이의 엄마로서 그리고 콰르텟 수 사중주단의 리더로, 찬양사역자로 또한 서울시 홍보대사로 열심히 봉사하고 있다.

첫아이 세아는 3살도 안되어 성경목록가를 다 외워서 명예권사라는 타이틀을 갖고 있다. 어린 세아가 부르는 성경목록가 노래를 듣고 나서 주위에 있던 권사들이 우리 보다 더 났다 그러니 너는 명예권사다 라고 말했던 것이다. 어떻게 말도 제대로 못하는 아이가 성경목록가를 부르느냐는 권사들의 질문에 딸은 다음과 같은 이야기를 들려준다.

어느 날 저녁 아이를 잠들게 하느라고 성경목록가를 자장가로 불러 주고 있었는데 3살도 안된 아이가 따라 하드라는 것이다. 어떻게 성경목록가를 자장가로 삼았느냐는데 대해서 딸 아이는 자기 외할머니 문권사가 자기를 그렇게 키웠기 때문에 자기도 당연히 성경목록가를 아기 자장가로 계속 불러 주었다는 것이다.

필자는 성경통독을 위한 성경의 맥 잡기 강의를 즐겨 하고 있는데 이 강의의 주제곡인 성경목록가로 리틀엘라인의 동영상(https://www. youtube. com/watch?v=qNOwl5_PeAc)을 사용하고 있다. 강의는 2시간씩 3번에 걸친 강의인데 강의 막간에 리틀엘라인의 워십 동영상을 같이 감상하기도 한다. 때에 따라서는 1시간씩 8주나 10주 연속되는 시니어 스쿨에서 진행하기도 하는데, 매주 성경목록가를 같이 부르다 보면 강의 끝날 즈음에 참석자 거의 대부분이 가사를 보지 않고 따라 부르는 것을 보면서 성경은 역시 단순, 반복이 중요하다는 점을 강조하고 있다.

근하는 아이들이 세 살이 되면 생일 선물로 해외 아동 친구들을 만들어 주었다. 아이들이 밥투정을 할 때면 친구 아이 사진을 보여 주며 "네 친구는 지금 이런 것 못 먹어서 얼마나 배고파 하는지 아느냐, 너 안 먹으면 아프리카 보낸다" 하면서 아이들을 야단치기도 하였다.

본인도 대학교 들어가면서부터 아르바이트로 번 돈 중에서 일부를 월드비전에 매달 보내기 시작하였는데 금년에는 20년 동안 끊임없이 후원해 주어서 고맙다는 기념증서를 받아서 온 가족이 축하해 주었다.

사위 권박사는 금년에 지구촌교회에서 안수집사 직분을 받았는데 그도 3대째 믿는 가정에서 태어나 교회 청년부에서 찬양봉사도 하는 등 부모님(권병두 박사, 김성자 권사)과 같이 지구촌교회에서 열심히 신앙생활을 하다가 청년부 담당 목사님의 주선으로 당시 지구촌오케스트라 단원으로 봉사하던 아내를 만나게 된 것이다. 권박사는 이제 세 아이도 다 컸으니까 그 동안 아이들 키우느라 하지 못한 교회 봉사를 더해야 한다면서 금년부터 중등부 교사로 새로운 사역을 시작하였다. 뿐만 아니라 서울대학교병원 강남센터 의료진과 국내 봉사활동도 때때로 하면서 교회의 국내외 의료선교에도 매년 세 아이 포함하여 온 가족이 참여하고 있다.

〈월드비전 후원 20주년 기념증서〉

〈안수집사 직분 받은 사위〉

뱃속에 아이를 가졌을 때부터 세상에 나올 때까지 딸아이는 매번 성경 일독을 하면서 태아 교육을 하였다. 또한 새 옷이 생기면 제일 먼저 교회에 입고 가야 하는 등 생활 속 신앙생활을 철저히 실천하고 있는 신앙 모범 가정이다.

세주순은 아직 막내가 초등학교에 들어가기 전이지만 벌써부터 초청 받은 몇 몇 교회 집회에 특별 출연을 하고 있다. 유투부에 리틀 엘라인을 치면 성경목록가는 물론이고 셋이서 연습하는 장면이나 교회 어린이 전도집회에 찬조 출연한 장면들을 만날 수 있다.

〈리틀엘라인 활동〉

리틀엘라인 이라는 이름은 딸 아이가 멤버로 활약 중인 찬양사역자들의 모임인 엘라인(하나님만 붙잡는 줄)에 자기 자녀 3명을 가끔 데리고 다니면서 합류하여 찬조 출연을 하니까 작은 엘라인이라고 엘라인 멤버들이 붙여준 이름이다.

후손의 후손들에게

필자가 이렇게 가족들의 이름을 일일이 나열하는 이유가 있다. 이번에 여메리에 관한 자료를 찾다가 필자는 130년전에 기록된 보고서들을 많이 보았기 때문이다. 그 당시 우리나라에 와있던 선교사들은 개인적으로 또 공식적으로 본국에 보고를 하는데 선교사들 이름과 사역 및 필요 시 숫자들까지 빠짐 없이 적어서 누가 언제 무슨 일을 어떻게 했는지를 얼른 알아 볼 수 있게 해 놓은 것이다.

안타깝게도 그 기록 중에 한국 사람들의 이름은 정확하게 나타나지 않고 그냥 한국 전도부인 또는 이화학당 출신 여성들이란 정도로만 언급되어 있다. 그래도 특별히 고마운 마음을 전하고 싶을 때는 Mary(메리)나 Mrs. Whang(황씨 부인)이라고 이름을 밝힌 곳이 몇 몇 군데 있어서 이 책에 소개할 수 있었다.

이름을 나열하는 또 한가지 중요한 이유는 나중에 이 책을 읽게 될 우리 가족들의 후손의 후손이 왜 우리 할아버지 할머니 이름은 없느냐고 하면서 시험에 빠지지 않기 위해서이다. 우리 할아버지 할머니가 여메리와 이런 인척 관계에 있었구나 하고 그들로 하여금 여메리의 리더십인 개척 정신, 교육 정열, 전도 열정등을 익혀서, 가르치고 전파하고 고쳐주시는 예수님의 삶을 본 받게 하기 위함이다.

계속되는 여메리의 활동 연구

여메리의 이야기는 이제 많은 자료로 소개되고 있고 또 여러 교회의 홈페이지에서도 제법 많이 눈에 뜨게 되었다. 뿐만 아니라 여메리의 일생을 연구하여 논문까지 발표한 자료도 있다.

초창기 정동교회에서의 활동은 여선교회와 관련해서, 보구여관과 간호원 양성학교 활동은 의료 역사나 간호협회와 관련에서, 개화기 서양식 결혼 이야기는 결혼 문화나 복장 연구 분야와 관련해서, 진명여학교나 삼일여학교 이야기는 교육과 관련해서 그리고 교회 개척과 전도 이야기 등 여메리와 관련된 이야기는 여러 분야에서 끊임없이 소개되고 있다.

필자가 쓴 여메리 이야기가 앞으로도 각 분야에서 여메리에 대한 이야기를 언급할 때 조금이나마 도움이 되길 바라며, 계속해서 더 많은 자료들 특히 미국 어디엔가 사장되어 있을 여메리의 활약상과 함께 당시의 사진들이 발굴되기를 희망한다.

출판 기념회

책 교정 중에 필자 자신의 이야기가 별로 없다는 이야기를 듣는다. 뿐만 아니라 출판기념회를 어떻게 할 것이냐는 질문을 하는 분도 있다. 2013년에 필자가 성경 읽기에 흥미를 더해주는 바이블 숲 속 이야기 '익투스 153'이란 책을 출판하였을 때 평소에 형님처럼 필자를 돌봐주시는 조이남 박사께서 출판 기념회를 주선해 주셨다.

대학원 교수님으로 만나서 논문지도는 물론, IT업계의 선배로, 동창회 동문으로 필자와는 여러 분야에서 뗄래야 뗄 수 없는 사이로 근 50년 가까이 같이 지내고 있는 조이남 박사님은 우리나라 은행업무 전산화의 주역으로서 한 평생을 보내셨는데 황송하게도 필자를 위해 귀한 자리를 마련해 주셨다.

IT업계 분들을 위해서 만든 성경에 관한 책 출판기념회라고 하여 IBM에 근무하다가 60대에 신학을 하신 온누리교회 김형회 목사님을 조박사께서 모셨다. 그러다 보니 IT업계에서 기독교와 가까이 하지 않고 지내던 분들에게도 예수님과 성경 이야기를

〈익투스 153 출판 기념회〉

들는 자리가 자연스럽게 만들어진 것이다.

서울대학교 사범대학 시절 모여서 성경공부 하던 멤버들을 아직도 정기적으로 만나면서 서로의 신앙을 격려하며 우정을 다지신다. 좋은 책을 발견하면 10여권씩 사서 주위 분들에게 나눠주기도 하시는 조박사님은 분당으로 이사오시면서 갈보리교회를 섬기고 계신다.

필자는 자료 조사를 위해 찾아가는 곳이나 인터뷰를 위해 소중한 시간을 같이 해주신 분께 '익투스 153' 책을 감사의 표시로 한 권씩 드렸다. 책 표지에 "이 책을 읽는 모든 분들에게 익투스 153의 축복을…" 이란 이동원 목사님의 추천사 한 구절을 써 놓았는데, 어떤 분은 '아! 이동원 목사님 책이로구만" 하면서 받으시기도 한 책이다. 물론 여메리 이야기가 출판되면 이 책도 보내드리려고 한다. 그 동안 여메리에 대해서 틀리게 알려졌던 자료도 정정할 수 있고 또 궁금해 하던 사항도 이 책에 포함되어 있기 때문이다.

마치는 기도

얼마 전에 '한국 교회 초기 여성들'에 대한 시리즈 강의가 온누리교회에서 진행되었다. 한 주에 한 사람씩 소개하는 7주 연속 강의로 필자는 여메리편 강의에 아내와 함께 참석하였다. 강사는 물론 같은

〈이덕주 교수의 마무리 기도〉

제목의 책을 저술한 감리교 신학대학교의 이덕주 교수였다.

2시간에 걸친 매우 유익하고 은혜롭게 진행된 강의의 마지막을 이덕주 교수는 여메리가 보호여회 창립하였을 때 드렸던 기도로 장식하여 아주 인상 깊은 강의 시간이 되었다.

여메리에 대한 추억이나 사진을 갖고 계신 분들의 연락을 기대하면서, 필자도 여메리 이야기를 여메리의 보호여회 창립기도문과 같은 기도로 마무리하고자 한다.

"주께서 많은 사람들이 신앙인이 되게 하시옵고
또 주께서 우리들의 머리가 되시고 우리를 가르쳐주사
이 믿음이 더욱 깊어지게 하시고
믿는 사람들의 모임이 크게 왕성하여
그 수효가 여러 만 명이 되게 하옵소서
우리 구세주 예수씨 일흠을 의지하여 비옵나이다.
아멘."

참고 자료

- 100주년 기념 예배와 극본, 기독교대한감리회 여선교회전국연합회, 1997
- 2014년도 교우요람, 충북성결의 어머니 교회, 부강교회
- 개화와 선교의 요람 정동이야기, 이덕주, 2002
- 경기여성발전사, 경기도, 2002
- 고비수(高祕收) 제3976호, 통감부문서 8, 1909. 7. 13
- 구한말 기독교 여성의 삶과 여성교육운동(여메례를 중심으로), 윤정란, 여성과 역사, 제11집, 2009. 12
- 근대이행기 혼례의 변화, 박보영, 지방사와 지방문화 17권 2호, 2014. 11
- 기독교대백과사전 제11권, 1984
- 김동훈순절기, 이명직, 동양선교회출판부, 1928
- 별건곤 16-17, 개벽사, 1928. 12. 01
- 보구여관의 설립과 활동, 이방원, 의사학(醫史學) 제17권 1호, 2008. 6
- 보구여관 간호원양성소(1903-1933)의 설립과 운영, 이방원, 의사학 제20권 2호, 2011. 12
- 복음의 씨앗, 김재현, KIATS, 2014
- 서울신학대학교 1911-2011 총동문연감

- 성결교회 인물전, 1집(1990), 2집(1992), 9집(2005)
- 스크랜턴, 이덕주, 공옥, 2014
- 우리생활 100년·옷, 고부자, 현암사, 2001
- 위대한 음악가들의 영적 생활, 패트릭 카바노프, 차동재 옮김,
  생명의말씀사, 1995
- 이달의 성결인 여메례, 김성현, 활천 555호, 2000. 2
- 제주양씨 금성군 파보, 1999
- 제주양씨 인터넷족보, 명조명현(名祖名賢:추항 홍묵)
- 초기 개신교 간호와 간호교육의 정체성(1903년에 설립된
  보구여관 간호원양성학교와 에드먼즈를 중심으로), 옥성득,
  한국기독교와 역사 36, 2012
- 한국감리교 여선교회 교육과정에 대한 분석, 김경희,
  이화여자대학교 교육대학원석사학위 논문, 2002
- 한국감리교 여선교회 역사, 이덕주, 1991
- 한국교회 전도부인 자료집, 한국기독교역사연구소, 1999
- 한국교회 처음 여성들, 이덕주, 홍성사, 2007
- 한국독립운동의 역사(제31권 여성운동), 한국독립운동사 정보시스템

- 간호신문 2012. 08. 28
- 그리스도회보 1913.6.23

- 기독신보 1930. 4. 30

- 대한매일신보 1907. 7. 10, 1907. 7. 18, 1909. 1. 10, 1910. 7. 8

- 대한크리스도인회보 18호(1897. 12. 29), 47호(1898. 11. 23), 52호 (1898. 12. 28), 60호(1899. 2. 22), 169호(1900. 4. 25)

- 동아일보 1933. 3. 2, 1961. 11. 1, 1964. 4. 10

- 신학월보 1권 5호(1901. 4), 9호(1901. 8), 2권 12호(1902. 12)

- 조선감리회보, 1936. 2. 12

- 주간기독교 1996. 10. 13, 10. 20, 11. 3(1225호)

- 한국성결신문 2009. 6. 13, 6. 20, 6. 27, 7. 4, 7. 11

- 활천 6호(1923. 5), 14호(1924.1), 28호(1925.3), 30호(1925.5), 50호 (1927.1), 54호(1927.5), 60호(1927.11), 74호(1929. 1), 77호(1929. 4), 81호(1929.8), 82호(1929. 9), 89호(1930. 4), 101호(1931.4), 109 호(1931.12), 113호(1932.4), 114호(1932. 5), 122호(1933. 1), 125호 (1933. 4), 497호(1995.4), 555호(2000. 2), 737호(2015. 4)

- 황성신문, 1908. 2. 6, 1908. 7. 8, 1910. 7. 8, 1910. 7. 12, 1910. 7. 16, 1910. 7. 17, 1910. 7. 24

- 매향100년사, 매향정보여자고등학교, 2002

- 상동교회 100년사, 1988

- 서문교회 70년사, 2000

- 아현85년사, 아현교회, 1999

- 이화80년사, 이화여자대학교, 1966
- 이화90년사, 이화여자고등학교, 1975
- 정동교회의 역사(1885-1990), 1992
- 정동제일교회 125년사 제2권 인물사편, 2011
- 진명75년사, 진명여자고등학교, 1981
- 진명100년 인물100년, 2006
- 청주지방회 50년사, 기독교대한성결교회 청주지방회, 2002
- 충북기독교 백년사, 2002

- Annual Report of the Woman's Foreign Missionary Society of the
  M. E. C. 1885-1940
- Fifth Annual Report of the Korea Woman's Conference of the M.
  E. C. 1903. 5
- Minutes of the Korea Woman's Conference of the M. E. C.
  (1903-1910), (1911-1915)
- The Korea Mission Field Vol. II No. 9(1906. 7), Vol. V No.
  10(1909. 10)
- Woman's Foreign Missionary Society, 1894-95, 1895-96

여메리 연표

주요 사건

1885	4. 5	언더우드, 아펜젤러 선교사 입국
	5. 3	스크랜턴 선교사 입국
	6. 20	메리 스크랜턴 대부인 등 스크랜턴 가족 입국
	8. 3	아펜젤러 학생 2명 교육(배재학당 설립)
	10. 11	아펜젤러 집에서 성찬예배(정동교회 창립일)
1886	5. 31	이화학당 첫 학생 입학
	6. 8	고종황제 배재학당 교명 하사
	6. 15	시병원 개업
1887	2월	고종황제 이화학당 교명 하사
	9월	벧엘예배당 구입
1988	10월	여성 전용 병원 보구여관 개설

1893	8월	스크랜턴 선교사 남대문 사역 시작
1894		동학혁명, 갑오개혁
1894. 7-1985. 4		청일전쟁에서 일본 승리
1895	6월	달성회당 집회 시작
	10. 8	명성황후 시해
	10월	스크랜턴 대부인 공옥여학교 설립
1896	2. 11	아관파천(약 1년간)
	4. 7	서재필 박사 독립신문 창간
	7. 2	독립협회 창립
	11월	협성회 발족(3대 회장 양홍묵)
1897	5. 5	엡윗청년회 발족

1897	10. 31	여선교회 모체인 조이스회 조직하여 여성 의식계몽을 추구. 부회장 맡음
	12. 31	'남녀 평등 교육 기회" 주제로 한 청년 토론회에서 돌출 발언함
1898		엡윗청년회 중앙위원
1900	11. 11	보호여회 창설. 회장에 선출됨
1903		일본 여성교육계 시찰 후 양장을 함
		이화학당에 학생단체 사랑회(Loving Society)조직
1904		상동교회 주일학교 영어와 성경교사
		삼일소학당 영어교사
		간호원 '규칙책' 번역
1905		상동교회 해리스회(여자청년회) 조직. 회장 맡음
1906	4. 21	순헌황귀비의 후원하에 진명여학교 설립(교장 엄준원)
1907	7. 13	평양 지방 여자 교육 시찰(안창호 등과 연설)
	7월	평양진명여학교 교장
1907-08		전국을 돌며 여성 계몽을 주제로 강연
1909	1. 10	'고명한 삼일여학교 교사' 칭찬 기사화
		여자수신교과서 공동 교열
	7. 13	평양 진명여학교 연설회(안창호와 합동)
1910	7. 7	개성 정화여학교 기금 모금 간담회
	7. 8	개성 정화여학교 기금 모금 찬조 연설
	7. 10	평양 대성학교 연설회
	7. 12	평양진명여학교 3회 졸업식
	7. 13	평양 대성학교에서 연설
	7. 24	평양 삼화항 부두에서 2-3회 연설
1912		평양진명여학교 떠남
1913	6. 23	메리 스크랜턴 대부인 약사 기고

1897	10. 12	대한제국 선포
1898	1. 26	주간 협성회보 발간(대표 양홍묵)
	4. 9	최초의 일간신문 매일신보 발간 (대표 양홍묵)
1902	6월	스크랜턴 대부인 수원 삼일소학당 설립
1903	12월	에드먼즈가 간호원 양성학교 개교
1904	4. 8	노일전쟁 발발. 일본 승리
1905	11. 17	을사늑약 체결
1907	1월	평양대부흥
	7. 20	헤이그 밀사 사건으로 고종이 상왕으로 밀려 남
1909	10. 8	메리 스크랜턴 대부인 소천
	10. 26	안중근의사(1879-1910. 3. 26) 조선통감 저격
1910	8. 29	한일합방

1913		진명여학교 떠남
1915		양홍묵 경주군수와 재혼
1920	여름	양홍묵 소천(6. 28) 후 충청북도 부강 남편 집에서 동네사람들과 예배드림. 선교사 길보른 만나 동양선교회 복음전도관을 집에다 세움 임창호(1905-1994) 장로 전도
1921		이명직목사와 교회 설립 의논
	가을	경성성서학원 입학
1923	3. 28	경성성서학원 졸업(23회), 여자부 기숙사 부사감
1924	1월	경성성서학원 여자부 사감
1925	3월	경성성서학원 교수
1927	8.15-20	김동훈 전도사와 부강교회 부흥집회
1929	6. 29	수원교회 부인특별집회
	7.11-14	부강교회 장막대거전도회
	7. 16	청주교회에서 1주간 계속된 부흥회 강사진 참여
1931	3. 22	청주교회 전도사(담임 김승만 목사)
1932	3. 27	청주교회 전도사(담임 장원초 목사)
	12월	청주교회 휴직
1933	2. 27	조치원에서 요양 중 소천(조치원교회 김정호 목사 집례)

1914		세계 1차대전 발발
1919	3. 1	3. 1 운동
1920		카우만과 1902년 일본에 동양선교회 창설한 길보른 한국 제2대 감독으로 내한
1921	9월	조선예수교동양선교회성결교회로 명칭 변경
	9. 3	부강교회 곽재근 전도사 부임
1925	5.14	부강교회에서 조치원교회 개척
1926	6. 10	6. 10 만세 운동
1929	4. 28	청주교회(현 서문교회) 개척
	11. 3	광주학생사건
1945	8. 15	8. 15 해방
1967	11월	임창호장로 부강교회에 여메리 기념비 세움 (故 余메리女史 永世不忘碑)
1997	10. 26	감리교회 여선교회전국연합회 100주년 기념 예배 (광림교회)에서 여메리의 삶을 주제로 연극 공연
2000	2월	활천 2월호에 이달의 성결인으로 소개

24Harmony는
세상을 아름답게 하기 위해
주변을 아우르며 살아 가는
순전한 우리들의 마음 가짐
으로 출판하고 있습니다

여성교육의 선구자
여메리

초판1쇄 발행 2015. 8. 15

엮 은 이 | 여인갑

편   집 | (주)교재닷컴
펴 낸 곳 | 출판사 이사하모니
등록번호 | 제2013-000101호
주   소 | 서울 서초구 서초중앙로18, 515호
              (서초동, 서초쌍용플래티넘)

책값은 뒤표지에 있습니다.

ISBN 979-11-950851-2-5 23230

독자 여러분의 의견을 기다립니다.
24harmony@hanmail.net